Voigt
Unternehmenskultur und Strategie

GABLER EDITION WISSENSCHAFT

Kai-Ingo Voigt

Unternehmenskultur und Strategie

Grundlagen des
kulturbewußten Managements

Springer Fachmedien Wiesbaden GmbH

Die Deutsche Bibliothek - CIP-Einheitsaufnahme

Voigt, Kai-Ingo:
Unternehmenskultur und Strategie : Grundlagen des
kulturbewussten Managements /Kai-Ingo Voigt.

(Gabler Edition Wissenschaft)
ISBN 978-3-8244-6391-6   ISBN 978-3-663-09082-3 (eBook)
DOI 10.1007/978-3-663-09082-3

Gabler Verlag, Deutscher Universitäts-Verlag, Wiesbaden
© Springer Fachmedien Wiesbaden 1996
Ursprünglich erschienen bei Betriebswirtschaftlicher Verlag Dr. Th. Gabler GmbH,
Wiesbaden 1996

Lektorat: Claudia Splittgerber / Ute Wrasmann

Höchste inhaltliche und technische Qualität unserer Produkte ist unser Ziel. Bei der Produktion und
Auslieferung unserer Bücher wollen wir die Umwelt schonen: Dieses Buch ist auf säurefreiem und
chlorfrei gebleichtem Papier gedruckt.

Die Wiedergabe von Gebrauchsnamen, Handelsnamen, Warenbezeichnungen usw. in diesem
Werk berechtigt auch ohne besondere Kennzeichnung nicht zu der Annahme, daß solche Namen
im Sinne der Warenzeichen- und Markenschutz-Gesetzgebung als frei zu betrachten wären
und daher von jedermann benutzt werden dürften.

ISBN 978-3-8244-6391-6

Vorwort

Unternehmensstrategie und Unternehmenskultur - zu diesen beiden Themen gibt es in der wirtschaftswissenschaftlichen Literatur (ebenso wie in der populärwissenschaftlichen) bereits ein umfangreiches Schrifttum. Keines der beiden Themen ist neu. Deshalb verwundert es, daß der *Beziehung* zwischen Strategie und Kultur bisher relativ wenig Beachtung geschenkt worden ist. Dabei werden beide Faktoren erst im Zusammenspiel wirksam - eine Interaktion und Interdependenz, die von der Geschäftsführung verstanden und beachtet werden muß, wenn Unternehmensexistenz und Unternehmenserfolg nicht gefährdet werden sollen. Nur so läßt sich verhindern, daß die Geschäftsleitung irrealen 'Visionen' nachhängt, die an der Basis nicht verstanden und umgesetzt werden können, aber auch, daß das Unternehmen an veralteten und 'verkrusteten' Denkweisen und Verhaltensnormen festhält und deshalb im Wettbewerb scheitert.

Diese Sachverhalte zu erläutern und in ein praxisorientiertes Managementkonzept einmünden zu lassen, ist das Ziel dieses Buches.

Im ersten Teil beschäftigen wir uns zunächst mit den Grundlagen des *strategischen Managements*, insbesondere der *strategischen Planung*, die zu den bedeutsamsten Aufgaben der Unternemensleitung gehört. Es hat sich mittlerweile durchgesetzt, diese Planungsart im Gesamtkontext des hierarchischen Planungs- und Entscheidungssystems der Unternehmung zu sehen, in dem die Strategieplanung 'taktischen' und 'operativen' Planungen vorausgeht. Mit der Strategie wird ein zwar grobes, aber langfristig angelegtes und in sich abgestimmtes Gesamtbild des künftigen Unternehmensgeschehens entworfen - ein Gesamtplan, der auf den nachfolgenden Planungsebenen in konkrete Detailpläne zerlegt werden muß, ehe er in die Tat umgesetzt werden kann.

Genau an dieser Stelle kommt die *Unternehmenskultur* in das Blickfeld der Betrachtung. Denn die Kultur hat einen entscheidenden Einfluß darauf, *wie* die Strategie im Unternehmen verwirklicht wird. Die Erkenntnis, daß die Einstellungen, Denkweisen und Wertvorstellungen der Mitarbeiter das betriebliche Geschehen in charakteristischer Weise prägen und beeinflussen, ist - wie gesagt - nicht neu. Eine ihrer Wurzeln reicht bis zu der Idee der 'Betriebsgemeinschaft' zurück, die *Nicklisch* (als Reaktion auf den überspitzten Rationalismus des 'Scientific Management') Ende der zwanziger Jahre entwickelte. Es ist bekannt, wie diese Idee Jahre später von der nationalsozialistischen Ideologie aufgenommen und mißbraucht wurde.

Die nach dem Zweiten Weltkrieg von *Gutenberg* gelegten 'Grundlagen der Betriebswirtschaftslehre' scheinen in ihrer quantitativ-theoretischen Orientierung ein so wenig greifbares Phänomen wie das der Unternehmenskultur außer acht zu lassen - aber eben nur scheinbar. Denn schon in der Einleitung zu seinem ersten Band ('Die Produktion', hier zitiert nach: 2. Auflage, Berlin, Göttingen, Heidelberg 1955) hebt Gutenberg die prägende - normensetzende und verhaltensbeeinflussende - Kraft der Geschäfts- und Betriebsleitung hervor, die über die Wirkung formaler Instrumente und expliziter Pläne hinausreicht. Für ihn ist es der dispositive Faktor, der "... vor allem den Träger jener Impulse bildet bzw. bilden sollte, die, wenn sie stark sind, auch unter ungünstigen Bedingungen zu betrieblichen Erfolgen führen" (a.a.O., S. 6). Allerdings bleiben diese individuellen, nicht quantifizierbaren Eigenschaften der Betriebsleitung in seinen weiteren Ausführungen im Hintergrund; sie sind ein "... rational nicht weiter auflösbarer Rest", "eine im Grunde irrationale Wurzel eben dieses vierten Faktors" (a.a.O., S. 7).

Deutlicher als bei Gutenberg wird das Phänomen der Unternehmenskultur in einer Arbeit von *E. Jaques* ('The Changing Culture of a Factory', London 1951) angesprochen, die heute als Initialzündung der Unternehmenskulturforschung gilt. Mit bemerkenswerter Klarheit wird hier die Kultur einer 'Fabrik' definiert als "... its customary and traditional way of thinking and doing things, which is shared to a greater or lesser degree by all its members" (a.a.O., S. 251).

An dieser Sichtweise hat sich im Grunde bis heute nichts geändert, auch wenn die in den 80er Jahren geradezu explosionsartig entstandene Literatur die hier angesprochenen Aspekte weiter vertieft und in vielerlei Hinsicht erweitert hat. Ausgangspunkt des plötzlich erwachten Interesses am Phänomen der Unternehmenskultur war die Überlegenheit japanischer Unternehmen, deren Wettbewerbsvorsprung auf das konsequente 'Management' der internen Wertvorstellungen und Normen zurückgeführt wurde. Nichts lag näher als die Empfehlung, diese erfolgversprechenden Kulturelemente zu kopieren - die Unternehmenskultur wurde so zu einer Instrumentalvariable des Managements. Doch schon bald machte sich Ernüchterung breit: Es zeigte sich, daß ein Kulturwandel im Unternehmen nicht einfach 'herbeigeführt' oder 'angeordnet', sondern bestenfalls initiiert und angeregt werden kann. An die Stelle eines 'Kultur-Managements' muß deshalb ein neues Konzept treten - das *kulturbewußte Management*, das bewußt Platz läßt für eine authentische Entwicklung der unternehmensindividuellen Werte und Normen, aber deshalb nicht auf eine gezielte Förderung des notwendigen kulturellen Wandels im Unternehmen verzichtet.

In dem vorliegenden Buch werden zunächst die wichtigsten bisherigen Forschungs-ergebnisse aus beiden Gebieten - Strategie und Kultur - zusammengefaßt. Sie bilden die Grundlage für die Darstellung des 'evolutionären und kulturbewußten Manage-ments', das darauf abzielt, Strategie und Kultur in Anpassung an die raschen Verände-rungen der ökonomischen und sozialen Umwelt des Unternehmens aufeinander abzustimmen. Gezeigt wird auch, welche methodischen Hilfen dem Management dafür zur Verfügung stehen.

An Beispielen wird deutlich gemacht, daß Strategie und Kultur nicht zu stark im Widerspruch zueinander stehen, daß sie auf der anderen Seite aber auch nicht 'gewalt-sam' in Übereinstimmung gebracht werden sollten, da sonst die dynamische und verän-dernde Kraft der Strategie verlorengeht. Dies gilt besonders für international oder global tätige Unternehmen, die mehr als andere mit kultureller Vielfalt (aber auch mit kulturellen Konflikten) konfrontiert werden. Aus der Sicht des Managements gehört das Vorhaben, Strategie und Kultur 'gut' aufeinander einzuspielen, zu den reizvollsten, aber auch zu den schwierigsten Führungsaufgaben.

Dem theoretisch Interessierten zeigt das Buch, auf welchen Teilgebieten die künf-tige Forschung ansetzen kann und muß. So bedarf z.B. die Frage, welche Kultur-formen mit welchen strategischen Optionen 'harmonieren', noch weiterer, vor allem empirischer Forschungen.

Am Ende festigt sich die Erkenntnis, daß *beide* Faktoren - Strategie und Kultur - von gleicher Bedeutung und von gleich hoher Wichtigkeit sind, wenn es um die Siche-rung der Existenz und um das Wohlergehen des Unternehmens geht.

Ein Glossar rundet das Buch mit Erläuterungen der wichtigsten verwendeten Fach-begriffe ab.

KAI-INGO VOIGT

Inhaltsverzeichnis

1.   Einführung und Problemstellung

Unternehmensstrategien und Unternehmenskulturen gehören seit geraumer Zeit zu den Schwerpunktthemen der betriebswirtschaftlichen Forschung. Die Zahl der Arbeiten, die zu diesen Themen verfaßt wurden - über strategische Planung und strategisches Management seit Anfang der 70er Jahre, über Unternehmenskulturen vor allem in den 80er Jahren -, ist Legion. Fragt man dagegen nach Arbeiten, die die *Beziehung* zwischen Strategie und Kultur thematisieren und über populäre, aber allzu simplifizierende Sichtweisen (Unternehmenskultur als situativer Kontext des strategischen Managements, Unternehmenskultur als Gestaltungsvariable im Sinne eines "Kulturmanagements") hinausgehen, dann ist die relevante Literaturbasis schon weit weniger umfangreich. Auch die kritische Durchsicht von einführenden Werken zur strategischen Unternehmensplanung (z.B. Kreikebaum, 1989; Voigt, 1993) läßt erkennen, daß die Beziehung zwischen Strategie und Kultur noch immer nicht die Beachtung gefunden hat, die sie aufgrund ihrer Bedeutung für das "Überleben" und Wohlergehen eines Unternehmens eigentlich verdient.

Neuere Entwicklungen auf den Gebieten des strategischen Managements und der Unternehmenskultur sind der Anlaß, hier zusammenfassend und vertiefend den Fragen nachzugehen,

- was Strategie und Kultur eigentlich miteinander verbindet,
- in welcher Weise sie sich beeinflussen und
- wie diese Beziehung - wenn überhaupt - zweckdienlich gestaltet werden kann.

Strategie und Kultur sind zwei der "tragenden Säulen" des Unternehmensgeschehens - Säulen, die, um bei diesem Bild zu bleiben, durch "Querverstrebungen" miteinander verbunden sind und sich so auch gegenseitig stützen. In der Literatur ist in diesem Sinne mehrfach betont worden, daß es sich bei der Beziehung zwischen Strategie und Kultur um eine *wechselseitige Abhängigkeit* (Interdependenz) handelt.

Die Besonderheit dieser Beziehung liegt darin, daß die Unternehmens*kultur*, als Gesamtheit der unternehmenstypischen Wertvorstellungen, Normen und Verhaltensregeln, für die Unternehmens*strategie*, als hochaggregierten Gesamtplan mit langfristiger Perspektive, weder ein völlig unbeeinflußbarer Bedingungsrahmen noch eine beliebig gestaltbare Instrumentalvariable darstellt. Im erstgenannten Fall gäbe es lediglich eine einseitige Abhängigkeit der Strategie von der Kultur, im zweiten Fall wäre die Kultur ein Bestandteil der Strategie. Beide Auffassungen sind, wie schon angedeutet, zu einfach, als daß sie der Realität gerecht werden könnten.

In einer ersten Annäherung läßt sich die bestehende Wechselbeziehung wie folgt kennzeichnen: Während die Unternehmensstrategie grob festlegt, *was* künftig geschehen soll, um bestimmte Ziele zu erreichen, übt die Unternehmenskultur maßgeblichen Einfluß auf das "*Wie*" der künftigen Unternehmensaktivitäten aus. Ob und in welchem Ausmaß ein Unternehmen erfolgreich ist (d.h. die gesetzten Ziele erreicht), hängt nicht nur von der Strategie, sondern auch von der Art und Weise ihrer Umsetzung ab, was wiederum entscheidend durch die im Unternehmen "herrschende" Kultur geprägt ist. Eine ehrgeizige, große Veränderungen implizierende Strategie kann aus noch darzulegenden Gründen scheitern, wenn sie mit der bestehenden Kultur des Unternehmens in Konflikt gerät (vgl. auch Ansoff, 1982, S. 73 ff.). Dagegen wird eine Strategie, die durch die unternehmensindividuellen Werte und Normen unterstützt bzw. im Zeitablauf von einem adäquaten Kulturwandel begleitet wird, kongenial umgesetzt und erhält so eine besondere "Schlagkraft".

Daß die bestehende Unternehmenskultur über den Erfolg der Strategieumsetzung entscheidet, andererseits aber erst in dem durch die Strategie gesetzten Rahmen zur Entfaltung kommt und sich um der Effizienz willen in diesen Rahmen einpassen muß, begründet die *Erfolgsinterdependenz* zwischen Strategie und Kultur. Die Erfolgswirksamkeit einer Strategie kann ohne Kenntnis der Kultur ebensowenig beurteilt werden wie die "Erfolgswirksamkeit" der Kultur ohne Rückgriff auf die Strategie.[1] Da sowohl die Strategie als auch (in Grenzen) die Kultur Gestaltungsspielräume aufweisen, besteht die Notwendigkeit, beide möglichst zielgünstig aufeinander abzustimmen. Auf Möglichkeiten und Grenzen einer solchen Anpassung kommen wir noch ausführlich zu sprechen.

Neben dieser Erfolgsinterdependenz gibt es aber noch weitere Wechselbeziehungen. Denn Strategie und Kultur beeinflussen sich - gewollt oder ungewollt - auch *direkt* in ihren Ausgestaltungen: Einerseits wird eine Strategie für gewöhnlich nicht im "luftleeren Raum" konzipiert, sondern ist in gewissem Umfang auch Ausdruck der Kultur und wird durch sie geprägt (insbesondere durch die Wertvorstellungen der Strategieplaner). Auch die umgekehrte Wirkungsrichtung ist festzustellen: Oft übt die Strategie - beabsichtigt oder nicht - einen Einfluß auf die Kultur aus, sei es direkt, indem sie bewußt kulturverändernde Maßnahmen zum Inhalt hat, sei es indirekt, weil sie im Laufe der Zeit, als "geschichtliches Ereignis", zum Bestandteil der Unternehmenskultur geworden ist und sich zu dauerhaft gültigen Handlungsnormen verfestigt hat.

Sowohl die Strategie als auch die Kultur sind also, ob man sich dessen bewußt ist oder nicht, wechselseitigen Einflüssen ausgesetzt, die sich im Ergebnis, dem künftigen Unternehmenserfolg, niederschlagen. Dieser Zusammenhang wird in Abbildung 1 noch einmal graphisch veranschaulicht.

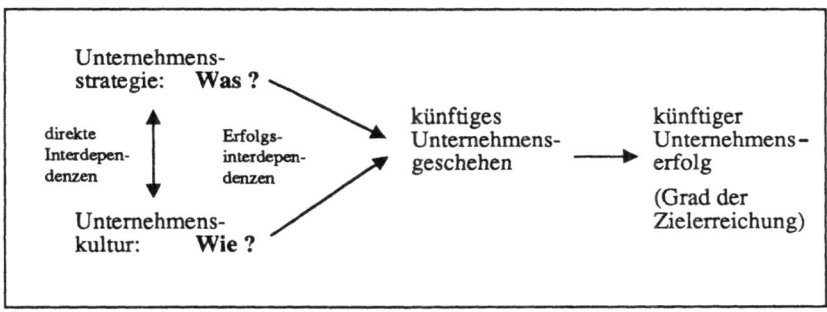

Abb. 1:   *Strategie und Kultur als Determinanten des Unternehmenserfolgs*

Ziel der weiteren Überlegungen ist es, die bisher lediglich skizzierte Wechselbeziehung zwischen Strategie und Kultur in ihrer ganzen Komplexität darzustellen, um am Ende einige Schlußfolgerungen für ein "kulturbewußtes" und "evolutionäres" strategisches Management aus dieser Beziehung abzuleiten. Dieses Managementkonzept zeichnet sich gerade dadurch aus, daß es

- den Kulturwandel im Unternehmen als langfristigen Lernprozeß aller Organisationsmitglieder begreift und

- die Unternehmenskultur nicht ausschließlich als Instrument zur Zielerreichung interpretiert, sondern ihr auch einen "... humanen *Eigenwert* und *Eigensinn*" (Ulrich, 1993, Sp. 4362) zuerkennt.

Ein solcher Eigenwert und Eigensinn basiert in diesem Konzept nicht allein auf den (mehr oder weniger zufälligen) individuellen Wertentscheidungen einzelner Manager oder der Unternehmensleitung insgesamt. Der Zusammenhang ist vielmehr komplexer: Die Unternehmenskultur als faktisch geltender Bestand unternehmensspezifischer

Normen ruft immer auch die Frage nach der *Begründung* dieser Normen hervor - eine Frage, die die *Unternehmensethik* betrifft.

Von den verschiedenen Möglichkeiten einer solchen Normenbegründung wird heute in der Theorie überwiegend die sogenannte "Diskursethik" favorisiert: nicht die Festschreibung bestimmter, inhaltlich definierter Zustände als allgemeinverbindliche Wertbasis (und seien solche Basisnormen, wie z.b. die Zehn Gebote, auch noch so konsensfähig), sondern das nicht an bestimmte Inhalte gebundene Bekenntnis zur *friedlichen Konfliktlösung*, die "... gemeinsam getragene *Einsicht* in die Richtigkeit von Konfliktlösungsvorschlägen, die in der Praxis durch eine allgemeine und freie Zustimmung von Betroffenen zum Ausdruck kommen muß" (Steinmann, 1993, Sp. 4334 f.).

Mit anderen Worten: Ein im Unternehmen faktisch geltendes Werte- und Normensystem ist aus Sicht der Diskursethik schon dann "ausreichend" begründet, wenn sichergestellt ist, daß es sich im Zuge eines allgemeinen und freien Dialogs aller Organisationsmitglieder als Konsens herausbilden konnte. Dieses Ethik-Konzept setzt voraus, daß

- im Unternehmen überhaupt *Handlungsspielräume* vorhanden sind; das künftige Unternehmensgeschehen darf also weder restlos durch externe Einflüsse (Markt, Wettbewerb, Staat usw.) determiniert sein noch - dies betrifft die Handlungsspielräume auf den "unteren" Ebenen der Unternehmenshierarchie - durch die eigene Strategie;

- die Handlungsspielräume im Unternehmen durch (von Menschen geschaffene) *Normen* ausgefüllt werden, die sich nicht auf kodifiziertes Recht beschränken, sondern auch alltägliche Verhaltensweisen (z.B. Umgangsformen) einschließen;

- Konflikte bei der Ausfüllung der Handlungsspielräume stets durch einen *friedlichen Konsens* zwischen den Beteiligten und nicht durch Gewalt oder Manipulation gelöst werden (= "oberste Norm" der Diskursethik).

Das im Unternehmen geltende Werte- und Normensystem, die Ist-Kultur, ist nach dieser Auffassung von Ethik also auch dann gerechtfertigt und wertvoll, wenn es von den Vorstellungen der Unternehmensleitung über das "strategisch richtige" Normensystem (Soll-Kultur) abweicht. Es geht hier eben nicht um eine gewaltsame Durchsetzung der Soll-Kultur und auch nicht um eine "paternalistische" Interessenberücksichtigung *für*, sondern um einen dialogischen Interessenausgleich *mit* den Beteiligten - um die Anerkennung der im Unternehmen Tätigen als "mündige Organisationsbürger". Wir kommen auf diese Aspekte noch mehrfach zurück.

Ziel der folgenden Überlegungen ist es, das "zweckrationale" Konzept der Unternehmensstrategie (und der strategischen Planung) mit dem Phänomen der Unternehmenskultur zu verbinden und es so stärker an die Bedingungen der "realen Welt" anzupassen - einer Welt, in der bekanntlich nicht nur zweckrational gehandelt, sondern, um mit den Worten des Historikers Theodor Mommsen zu sprechen, auch "gehaßt und geliebt, gesägt und gezimmert, phantasiert und geschwindelt wird" (Mommsen, 1986, S. 31).

Beginnen wir mit einer Klärung dessen, was unter den Begriffen Strategie und Kultur im einzelnen zu verstehen ist. Wir werden dabei auch auf neuere theoretische Entwicklungen auf diesen Gebieten eingehen.

2. Unternehmensstrategie

2.1 Synoptisch-rationaler Planungsansatz

2.1.1 Grundgedanke und Kennzeichnung

Menschen planen, weil sie wissen wollen, *wie* sie bestimmte Ziele erreichen können. Planung ist Denkhandeln, das zukünftiges Tathandeln vorwegnimmt und dieses zur möglichst sicheren und direkten Erreichung eines oder mehrerer Ziele a priori festlegt. Hiervon verspricht man sich bessere Ergebnisse - einen höheren Zielerreichungsgrad - als bei Verzicht auf eine systematische Entscheidungsvorbereitung bzw. einer Ersetzung der Planung durch Improvisation, d.h. durch fallweise Entscheidungen.

Auch Unternehmen sind letztlich nur "Instrumente" zur Zielerreichung und bedürfen der Planung. Die Unternehmensstrategie ist ein *langfristiger, hochaggregierter Gesamtplan für das künftige Unternehmensgeschehen*. Die Erstellung dieses Plans, die strategische Planung, fällt in den Verantwortungsbereich der Unternehmensleitung.

Die strategische Planung stellt (im ökonomischen wie z.B. auch im militärischen Bereich) lediglich die oberste Stufe oder Ebene im Rahmen eines *hierarchischen Planungssystems* dar. Die Notwendigkeit zur Einrichtung eines solchen Systems liegt in der ungeheuren Vielfalt und Komplexität der zu planenden Unternehmensaktivitäten begründet, die es nicht erlauben, alle zur Zielerreichung erforderlichen Maßnahmen so detailliert zu planen und aufeinander abzustimmen, wie es "eigentlich" erforderlich wäre (zum Interdependenzproblem der Planung vgl. Jacob, 1978, S. 24 f.; Voigt, 1992, S. 153 ff.).

Um dennoch letztlich zu einem konkreten Unternehmensgesamtplan zu gelangen, behilft man sich damit, die planungsrelevanten Maßnahmen zunächst gedanklich zu größeren Einheiten zu aggregieren und die anzustrebenden Gestaltungsformen dieser Aggregate (z.B. Produktfelder oder "strategische Geschäftseinheiten") im Rahmen eines mehr oder weniger stark formalisierten Prozesses unter gegenseitiger Abstimmung für einen längeren Zeitraum (üblicherweise 3 - 5 Jahre) festzulegen.

Inhaltlich geht es bei der Formulierung der Unternehmensstrategie vor allem um Globalaussagen über

- Art und Umfang der künftig zu bearbeitenden Produkt- bzw. Dienstleistungsfelder und Märkte,

- Maßnahmen zur Behauptung im Wettbewerb, wozu auch die sogenannten "generischen" Wettbewerbsstrategien zu zählen sind (siehe dazu Abschnitt 4.1.3 dieser Arbeit), und

- die Aufteilung begrenzter Ressourcen, vor allem der finanziellen Mittel, auf die Unternehmens- bzw. Tätigkeitsbereiche.

Die Unternehmensstrategie ist damit, wie auch empirische Untersuchungen bestätigen, im Kern eine *wettbewerbs- und ressourcenorientierte Produktfeld-Markt-Strategie*, kann darüber hinaus aber auch weitere (z.B. funktionsstrategische) Globalaussagen enthalten: Vorgaben für Forschung und Entwicklung, für den Beschaffungsbereich, den Personalbereich, für organisatorische Umstrukturierungen und ähnliche mehr.

Wegen ihres hohen Aggregations- bzw. Abstraktionsgrades ist die Strategie i.d.R. noch nicht sofort in konkretes Tathandeln umsetzbar, sondern muß zuvor auf den nachfolgenden Stufen innerhalb der Planungshierarchie (d.h. im Rahmen der "taktischen" und "operativen" Unternehmensplanung) weiter konkretisiert und spezifiziert werden. Erst über diesen Umweg kann eine Strategie in die Tat umgesetzt werden. Für die erfolgreiche Strategieumsetzung ist es wichtig, daß die strategischen Vorgaben auf diesen Stufen als *Entscheidungsprämissen* übernommen werden und so in die hier erstellten Detailpläne eingehen.

Ein *Beispiel*: Ein Automobilhersteller, der bisher nur PKWs der gehobenen Mittelklasse hergestellt hat, beschließt, künftig auch Kleinwagen als "Einsteigermodelle" anzubieten. Diese strategische Entscheidung löst eine Vielzahl weiterer Planungstätigkeiten (z.B. Forschung und Entwicklung, Konstruktion, Designstudien, Planung der Produktionskapazitäten und -mengen) aus. Die Detailentscheidungen (bezüglich Variantenvielfalt, Motorstärken, Farbpalette, Produktionsvolumina der Kleinwagen usw.), die teils noch auf der Vorstandsebene, teils darunter gefällt werden, konkretisieren lediglich die strategische Entscheidung, wobei - entsprechend dieser Vorgabe - auf Kompatibilität mit dem bisherigen Fahrzeugangebot zu achten ist.

Ein *weiteres Beispiel*: Ein Kaufhauskonzern erwirbt die Mehrheitsbeteiligung an einem anderen Warenhausunternehmen mit dem Ziel, *Synergien* zwischen den beiden Kaufhausketten zu realisieren. Solche Synergien (etwa durch ein besseres Warenwirtschaftssystem und eine effizientere Logistik) stellen sich nicht schon mit der strategischen Entscheidung ein, sondern müssen "auf unterer Ebene" aktiv gesucht und in die Tat umgesetzt werden.

Die Unternehmensstrategie setzt insofern nur einen *Rahmen* für das künftige Unternehmensgeschehen, sagt also z.B. nur aus, auf welchen Geschäftsfeldern künftig gearbeitet werden soll und auf welchen nicht. Der gesetzte Rahmen muß auf den folgenden Planungsstufen - unter Zerlegung des Gestaltungsproblems in immer kleinere und kürzerfristige Teilplanungsprobleme - mit detaillierten Vorgaben ausgefüllt werden. Diese Planungs- und Entscheidungsfreiräume "auf unterer Ebene" sind im übrigen eine notwendige Voraussetzung dafür, daß sich überhaupt eine firmenspezifische Unternehmenskultur entfalten und entwickeln kann.

Selbst die zur Ausführung bestimmten "operativen" Pläne enthalten für gewöhnlich noch Gestaltungsfreiräume (z.B. Fragen der konkreten Durchführung bestimmter Arbeitsvorgänge). Solche Entscheidungen werden aber ganz bewußt nicht mehr im Rahmen der Planung gefällt. Es genügt, sie *improvisatorisch* - vor Ort, während der Planrealisation - zu lösen. Die eben beschriebene "Funktionsweise" des hierarchischen Planungssystems veranschaulicht noch einmal die Abbildung 2.

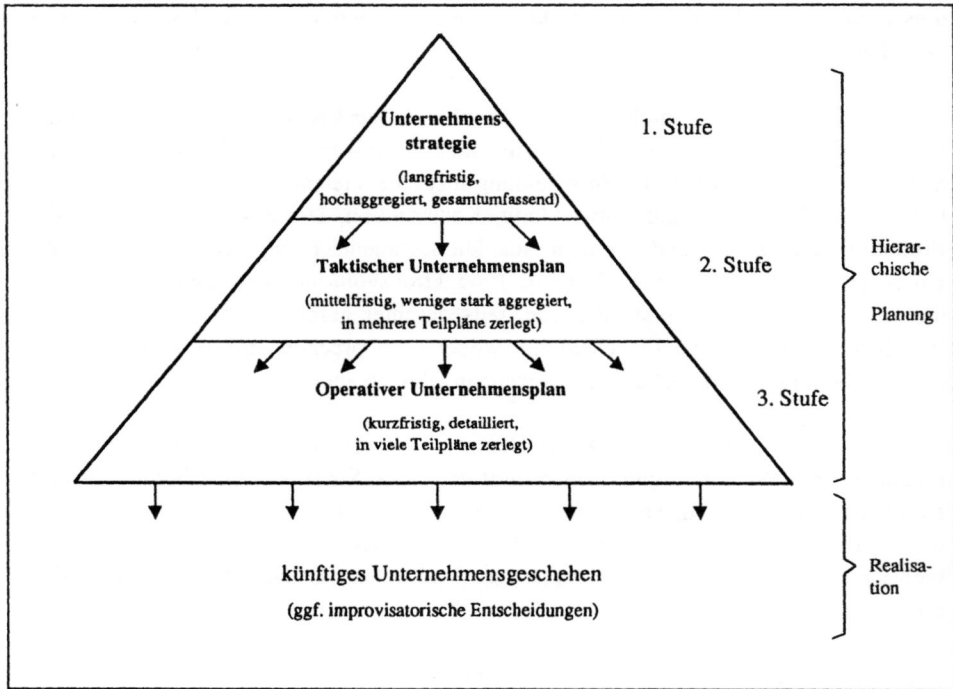

Abb. 2:   *Die Unternehmensstrategie im System der hierarchischen Planung*

Aufbauend auf dem hierarchischen Planungskonzept läßt sich *strategisches Management* als Aufgabenbündel definieren, das neben der strategischen Planung auch folgende Aufgaben umfaßt:

- die Veranlassung der Strategie*realisation* - insbesondere die Sicherstellung, daß die strategischen Vorgaben auf den nachfolgenden Planungsstufen als Entscheidungsprämissen übernommen werden, und die Schaffung einer dafür adäquaten Organisationsstruktur - sowie

- die strategische *Kontrolle* (vgl. dazu z.B. Schreyögg/Steinmann, 1985, S. 391 ff.; Gälweiler, 1981).

Auf Besonderheiten der über die Strategieplanung hinausgehenden Managementaufgaben soll an dieser Stelle nicht weiter eingegangen werden. Wir kommen später auf sie zurück, sofern sie für das Verhältnis von Strategie und Kultur von Bedeutung sind.

Fragen wir statt dessen ganz konkret: Welche Schritte sind zu unternehmen, um eine Unternehmensstrategie zu planen? Welche Methoden unterstützen die einzelnen Planungstätigkeiten?

2.1.2 *Prozeß und Methodik der strategischen Planung*

Wie jede Form von Planung, so ist auch die strategische Planung als Prozeß darstellbar, der sich im Prinzip (wenn auch nicht zwingend in dieser Reihenfolge) aus den folgenden Phasen zusammensetzt:

- Zielbildung,
- strategische Analyse,
- Alternativengenerierung,
- Bewertung der Strategiealternativen und
- Strategieauswahl.

So banal es klingt: Bei der Strategieplanung geht es zunächst einmal darum herauszufinden, *worum* es eigentlich geht. Am Anfang des Planungsprozesses ist das Gestaltungsproblem noch unscharf oder "schlecht-strukturiert" und muß erst einmal herausgearbeitet werden. Dies gilt zwar im Prinzip für jedes Planungsproblem, aber ganz besonders für die strategische Planungsebene, da es hier kaum irgendwelche Prämissen gibt, die das Entscheidungsfeld bereits eingrenzen. Hier ist noch alles vage und unbestimmt, aber auch noch (fast) alles offen. Die Unternehmensleitung steht gewissermaßen an einer Wegkreuzung und muß die Richtung bestimmen, in die das Unternehmen sich entwickeln soll und die dann schließlich alle im Unternehmen einschlagen werden - sei es nun die richtige oder die falsche.

Strategische Planung beginnt mit der Problemstrukturierung. Das bedeutet konkret: Es müssen zunächst Ziele abgesteckt und operationalisiert, die notwendigen Daten ermittelt, das Wettbewerbsumfeld erforscht und die eigenen Handlungsmöglichkeiten eruiert werden, bevor eine verbindliche Strategieentscheidung gefällt werden kann.

Nehmen wir z.B. ein Unternehmen, das seine Strategie bisher stark "nach innen", d.h. weitgehend auf effizienzsteigernde und kostensenkende Maßnahmen gerichtet hat.

Die Erkenntnis, daß in Zukunft eine grundlegende Veränderung und Erneuerung des Produkt- und Leistungsprogramms notwendig und von "strategischer" Wichtigkeit ist, liegt u.U. nicht sofort auf der Hand, sondern ergibt sich erst im Laufe der Problemstrukturierung.

So war, um ein *historisches Beispiel* zu nehmen, der Ende der 60er Jahre sich abzeichnende Absatzrückgang bei VW, speziell beim Modell "Käfer", zunächst Anlaß für deutlich verstärkte Anstrengungen auf den Gebieten der Produktvariation (Modellveränderungen) und der Produktdifferenzierung. Erst durch eine umfassende Analyse des strategischen Umfeldes erkannte man, daß sich die Einstellungen der Konsumenten zum Automobil grundlegend zu wandeln begannen (stärkeres Umweltbewußtsein, gestiegene Sicherheitsansprüche, kritische Beachtung des Kraftstoffverbrauchs usw.) - ein Trend, der nicht mehr mit weiteren Differenzierungen des Produkts "Käfer", sondern nur mit einer völlig neuen, modernen Produktpalette beantwortet werden konnte.

Ein *anderes (fiktives) Beispiel*: Ein Unternehmen erkennt erst während der strategischen Analyse, nach Anwendung des Konzepts der "strategischen Gruppen", welche die "wirklich" relevanten Konkurrenten sind. Diese Analyseergebnisse ermöglichen es dem Unternehmen, sich mit stärker konkurrenzorientierten Maßnahmen (z.B. Preissenkungen, Produktdifferenzierungen) besser als bisher im Wettbewerb zu behaupten.

Die einzelnen Planungsaufgaben im Rahmen der Strategieplanung und die Methoden, die sich dabei einsetzen lassen, können hier nicht in aller Ausführlichkeit beschrieben werden (vgl. dazu z.B. Kreilkamp, 1987; Kreikebaum, 1989, S. 60 ff.; Voigt, 1993, S. 63 ff.). Wir wollen versuchen, die wichtigsten Aspekte zusammenzufassen. Beginnen wir mit der ersten Planungsphase:

● *Zielbildung*

Unternehmen werden gegründet und weitergeführt, um bestimmte Ziele zu verwirklichen. Sie sind, etwas überspitzt formuliert, "Instrumente" zur Zielerreichung. Diese Ziele müssen aber erst einmal definiert und im weiteren Zeitablauf überprüft, gegebenenfalls korrigiert oder ergänzt werden.

In der Praxis werden, wie Untersuchungen belegen, meist mehrere Ziele gleichzeitig verfolgt, wobei es in den Beziehungen zwischen diesen Zielen nicht selten zu Konflikten kommt. Gleichgültig, welche Ziele im Einzelfall auch immer verfolgt werden, sie lassen sich nur dann erreichen, wenn das folgende Elementarziel erfüllt und damit erst die Voraussetzung für die Verfolgung anderer Ziele geschaffen wird. Es lautet:

Herstellung von solchen Produkten bzw. Dienstleistungen, die auf dem Markt auch tatsächlich nachgefragt und dort zu einem Preis abgesetzt werden, der (möglichst weit) über den Vorleistungskosten liegt.

Die Mißachtung dieses elementaren Ziels würde das Unternehmen in seiner Existenz gefährden, weil ohne einen Überschuß (Erlöse minus Vorleistungskosten) die im Unternehmen eingesetzten Produktionsfaktoren 'Arbeit' und 'Kapital' nicht entlohnt werden könnten. Die Folge wäre, daß sich schließlich niemand mehr fände, der bereit wäre, im Unternehmen zu arbeiten oder Kapital zu dessen Weiterführung bereitzustellen. Positiv formuliert: Erst wenn das Unternehmen in der Lage ist, durch seine Tätigkeit einen Überschuß zu erzielen, einen "Mehrwert" zu schaffen, können alle eingesetzten Produktionsfaktoren entlohnt und darüber hinaus gegebenenfalls auch die Interessen weiterer Gruppen im Zielsystem berücksichtigt werden. Nur ein erfolgreiches Unternehmen kann andere (nicht zuletzt den Staat) an seinem Erfolg teilhaben lassen. Das Ziel, die Differenz zwischen den Erlösen und den Vorleistungskosten möglichst groß werden zu lassen, läßt sich deshalb mit Recht als *strategisches Basisziel* bezeichnen.[2]

Dieses Basisziel wird in der Praxis oft sogar quantifiziert, üblicherweise in Form von Mindestvorgaben für die Gesamtkapitalrentabilität, die Umsatzrentabilität und das Umsatzwachstum (z.B. "Steigerung um 100 % bis zum Jahr 2000"). Diese Vorgaben sind jedoch formaler Natur und müssen durch *Sachziele* ergänzt werden - Ziele, die darüber Auskunft geben, *womit* der angestrebte Mehrwert erwirtschaftet werden soll. Beispiele: 'Überschußmaximierung durch Produktion und Vertrieb von Personenkraftwagen' oder 'durch Produktion und Vertrieb von Haushaltsgeräten' oder 'durch Bereitstellung von Bank- und Versicherungsdienstleistungen'. Diese Sachziele sind notwendig, um das Formalziel in operationale Subziele "herunterzubrechen", z.B. in Planumsätze für verschiedene Produktgruppen oder Einzelprodukte, in anzustrebende Marktanteile, Kostenbudgets und ähnliche mehr. Die hierarchische Planung erfordert also auch im Bereich der Unternehmensziele ein hierarchisches System, dessen (Teil-)Ziele von Stufe zu Stufe detaillierter und konkreter werden und sich auf jeweils immer kleinere Teilbereiche beziehen.

Bleiben wir bei der strategischen Planungsebene: Um auch in weiterer Zukunft Überschüsse in der angestrebten Höhe erzielen zu können, reicht das bisherige Produkt- und Leistungsprogramm meist nicht aus. Das Programm muß verändert und erweitert werden - es besteht ein strategischer Handlungsbedarf. Dies läßt sich mit Hilfe der Potential- und Lückenanalyse verdeutlichen:

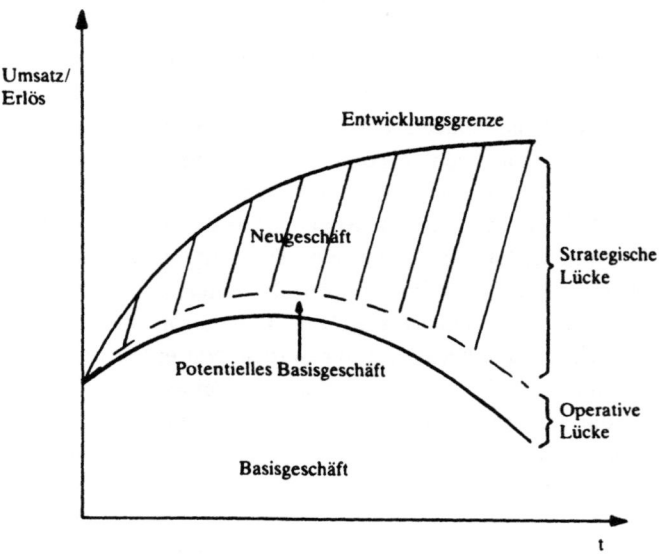

Abb. 3:   *Potential- und Lückenanalyse*
               (Quelle: Kreikebaum, 1989, S. 41)

Die Erlöse aus dem "Basisgeschäft" - dem bisherigen Produkt- und Leistungsprogramm - sind im Zeitablauf rückläufig, und zwar auch dann, wenn die "operative Lücke" geschlossen, d.h. das Basisgeschäft durch Rationalisierung und ähnliche Maßnahmen optimiert werden kann. Die verbleibende "strategische" Lücke bis zur Entwicklungsgrenze des Unternehmens läßt sich nur durch neue Tätigkeitsfelder schließen, z.B. durch Diversifikation in ein neues Produktfeld oder durch räumliche Ausdehnung der Marktbearbeitung (z.B. Expansion auf den osteuropäischen Märkten). Die Entwicklungsgrenze markiert dabei das Erlösniveau, das dem Unternehmen auf Basis seiner Potentiale im Forschungs-, Produktions-, Finanz- und Absatzbereich erreichbar erscheint.

In der Praxis fällt es schwer, die in Abbildung 3 dargestellten Kurvenverläufe zu prognostizieren. Aber nehmen wir an, diese Probleme ließen sich lösen. Dann geht es im folgenden allein darum zu entscheiden, mit welchen Maßnahmen die "strategische" Lücke geschlossen werden soll. Um eine solche Entscheidung fällen zu können, benötigen die Strategieplaner zunächst mehr Informationen über die relevanten Markt- und Wettbewerbsbedingungen.

● *Strategische Analyse*

Jede Strategie baut auf einem mehr oder weniger zutreffenden Situationsbild und auf Prognosen zukünftiger Entwicklungen auf. Nehmen wir zum Beispiel die militärische Strategieplanung: Ein "Feldherr" wird seine Strategie nur auf Basis einer gründlichen Analyse des Schlachtfeldes sowie der gegnerischen und der eigenen Truppenpotentiale entwerfen und zudem versuchen, die Aktionen und Reaktionen des Gegners zu antizipieren - so wie die Strategieplaner im ökonomischen Bereich versuchen werden, die weitere Marktentwicklung abzuschätzen und die Aktionen und Reaktionen der Konkurrenten vorauszusehen. Die strategische Analyse bezieht sich dabei auf zwei Bereiche: das Unternehmensumfeld und das Unternehmen selbst.

a) Umweltanalyse

Wirtschaftsunternehmen agieren in einem Spannungsfeld, das sich von den Nachfragern (den Konsumenten) über die Konkurrenten bis zu den zuliefernden Unternehmen erstreckt und vereinfachend als *Branche* bezeichnet werden kann. Die erste Aufgabe der strategischen Analyse besteht darin, die durch diese Akteure gesetzten Daten und Bedingungen zu ermitteln - die jetzigen wie auch die künftigen. Dabei bietet es sich an, die Branchenanalyse in drei Aufgabenfelder zu untergliedern, und zwar in

- ● die Absatzmarktanalyse,
- ● die Wettbewerbsanalyse und
- ● die Beschaffungsmarktanalyse.

Zur *Absatzmarktanalyse*: Hier geht es vor allem darum, das gegenwärtige Marktvolumen er ermitteln und die weitere Entwicklung der (potentiellen) Nachfrage zu prognostizieren, und zwar sowohl für diejenigen Märkte, auf denen das Unternehmen bereits tätig ist, als auch für solche, in die das Unternehmen neu eintreten möchte. Die Märkte der zweiten Kategorie sind zudem auf mögliche *Eintrittsbarrieren* zu untersuchen, die im Grunde gleichbedeutend sind mit den Wettbewerbsvorteilen der bereits auf dem Markt etablierten Unternehmen (z.B. hohe Marktanteile, Kosten- und Preisvorteile, Imagevorteile, ein Know-how-Vorsprung).

Die Prognose der künftigen Marktentwicklung basiert auf Vergangenheitswerten; zusätzlich können Indikatoren herangezogen werden, die ebenfalls in ihrer Entwicklung zu prognostizieren sind, vor allem

- politische,
- gesellschaftliche,
- demographische,
- technologische,
- ökologische und
- ökonomische Entwicklungen.

Die künftige Marktentwicklung ist allerdings kein determinierter Prozeß mit "naturgesetzlichem" Verlauf; sie wird von den Wettbewerbern und (je nach Marktstellung) auch von den eigenen Aktionen und Reaktionen beeinflußt. Die oben gestellten Fragen lassen sich also erst *im Zusammenhang mit der Wettbewerbs- und der Unternehmensanalyse* abschließend beantworten. Die Ergebnisse der Analyse geben dann auch Auskunft darüber, ob es sich um einen im Zeitablauf wachsenden, stagnierenden oder gar schrumpfenden Markt handelt. Für jede Kategorie empfehlen sich, wie wir noch sehen werden, jeweils andere strategische Maßnahmen.

Neben der "mengenmäßigen" Entwicklung der Märkte ist im Rahmen der Marktanalyse schließlich auch die "wertmäßige" Komponente zu untersuchen: die bisherige und die zukünftige *Preisentwicklung*.

Bei der *Wettbewerbsanalyse* stellen sich folgende Fragen:

- Wie viele Wettbewerber gibt es auf dem Markt?
- Wie groß sind die jeweiligen Marktanteile?
- Wer dominiert das Wettbewerbsgeschehen? In welcher Weise?
- Wie viele Konkurrenten sind in den letzten Jahren in den Markt eingetreten bzw. aus dem Markt ausgeschieden?

● Wie wird sich die Wettbewerbssituation (Zahl und Marktanteile der Konkurrenten) in Zukunft verändern?

Um überhaupt ein Bild davon zu gewinnen, wer die für das eigene Unternehmen besonders relevanten Konkurrenten sind, empfiehlt sich die Anwendung des schon erwähnten *Konzepts der strategischen Gruppen*: Im ersten Schritt werden hier diejenigen Faktoren indentifiziert, die im Wettbewerb der jeweiligen Branche eine wichtige Rolle spielen (z.B. Preis, Qualität, Einhaltung von Lieferterminen, Service usw.). Im zweiten Schritt sind alle Wettbewerber des Marktes hinsichtlich dieser Faktoren zu bewerten. Im dritten Schritt zeigt sich, nach Anwendung der hierarchischen Clusteranalyse, welche Unternehmen der gleichen strategischen Gruppe angehören. Die Unternehmen einer solchen Gruppe (z.B. VW und Opel) zeigen ähnliche Aktions- und Reaktionsmuster und konkurrieren "intensiver" miteinander, als Unternehmen es tun, die (wie z.B VW und BMW) verschiedenen strategischen Gruppen angehören (vgl. dazu Homburg/ Sütterlin, 1992, S. 635 ff.).

Im Rahmen der *Beschaffungsmarktanalyse* interessieren vor allem folgende Angaben: die Preise und Verfügbarkeit der wichtigsten Einsatzfaktoren; die Bedeutung bestimmter Lieferanten für das Unternehmen (gemessen in Prozent des gesamten wertmäßigen Beschaffungsvolumens); die Verhandlungsstärke der Lieferanten.

b) Unternehmensanalyse

Nicht nur das Umfeld des Unternehmens muß analysiert werden. Die Planung einer Strategie hat nur dann einen Sinn, wenn sie auf einer möglichst realistischen Einschätzung der eigenen Potentiale sowie der eigenen Handlungsmöglichkeiten und -grenzen aufbaut.

Die Unternehmensanalyse beginnt deshalb zweckmäßigerweise damit, die eigenen Produktions-, Personal- und Forschungskapazitäten, die finanziellen Reserven und weitere strategierelevante Potentiale abzuschätzen und sie mit denen der wichtigsten Konkurrenten zu vergleichen. Erst durch einen solchen Vergleich zeigt sich, wo die spezifischen *Stärken und Schwächen* des eigenen Unternehmens liegen. In dem Erhebungsbogen des *PIMS-Programms* - auf Einzelheiten dieses Programms kommen wir in der Phase "Strategiebewertung" näher zu sprechen - finden sich in diesem Zusammenhang die folgenden Fragen (die Angaben werden für jedes strategische Geschäftsfeld erhoben):

- das Durchschnittsniveau der Verkaufspreise im Vergleich zu denen der Konkurrenz,

- die relative Produktqualität (Ist sie im Vergleich zu den wichtigsten Konkurrenten überlegen, gleichwertig oder schlechter?),

- die relative Kostenposition,

- die relative Breite des Produkt- und Leistungsangebots,

- die Marketingausgaben im Vergleich zu denen der Konkurrenz (vor allem für Außendienst, Werbung, Verkaufsförderung, Kundendienst),

- das relative Produkt- und Unternehmensimage (vgl. Buzzell/Gale, 1989, S. 229 f.).

Die Stärken und Schwächen geben erste Anhaltspunkte für strategische Maßnahmen, die nach Möglichkeit auf den Stärken des Unternehmens aufbauen bzw. dessen Schwachstellen beheben sollen.

Ein Instrument, das geeignet ist, das Unternehmen auf die Zielgünstigkeit der einzelnen Kategorien von Aktivitäten bzw. Funktionen hin zu beurteilen, ist das in Abbildung 4 dargestellte Modell der *Wertekette*.

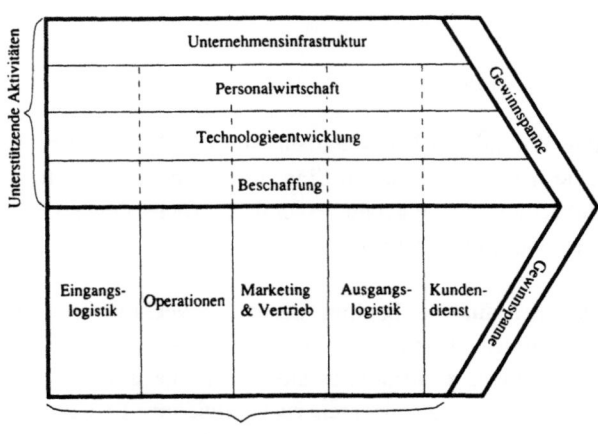

Abb. 4:   *Die Wertekette des Unternehmens*
            (Quelle: Porter, 1986, S. 62)

Grundgedanke ist hierbei, daß sich der vom Unternehmen angestrebte Mehrwert erst als Ergebnis einer ganzen Kette von sich aneinanderreihenden Wertschöpfungsaktivitäten ergibt. Jede dieser Wertschöpfungsaktivitäten ist daraufhin zu untersuchen, ob und in welchem Ausmaß sie zu dem Gesamtziel beiträgt.

Diese Analyse kann zur Folge haben, daß man sich künftig nur auf einige der bisher ausgeführten Aktivitäten beschränkt - auf solche, bei denen das Unternehmen über "Kernkompetenzen" verfügt und gegenüber dem Wettbewerb im Vorteil ist. Ein solcher Vorteil kann - stark vereinfacht - darauf beruhen, daß die betreffende Wertschöpfungsaktivität entweder im Hinblick auf den Kundennutzen *besser* oder aber *kostengünstiger* ausgeführt wird, als die Konkurrenz es kann. So gesehen regt die Wertekette dazu an, über die "Bausteine von Wettbewerbsvorteilen" (Porter, 1986, S. 76) nachzudenken.

So begründete das Möbelhaus IKEA, um ein Beispiel zu nennen, gerade dadurch seinen Erfolg, daß es "nachgelagerte" Wertschöpfungsaktivitäten (Endmontage, Transport) bewußt den Kunden überließ und dadurch preisgünstiger anbieten konnte als die Wettbewerber. Aber nicht nur die Länge der Wertekette ist eine strategische Gestaltungsvariable, sondern gegebenenfalls auch ihre *geographische Verteilung*. Für ein multinationales Unternehmen stellen sich z.B. die Fragen, welche Wertschöpfungsaktivitäten aus Kostengründen vereinheitlicht und geographisch in einem Land (z.B. dem Sitz der Muttergesellschaft) konzentriert und welche Aktivitäten weiterhin in mehreren Ländern gleichzeitig (oft länderspezifisch differenziert) ausgeführt werden sollen. Daß solche Gestaltungsvarianten auch bestimmte Anforderungen an die Unternehmenskultur stellen, werden wir im Abschnitt 4.1.4 näher erläutern.

Die Wertekette - so nützlich sie ist - vernachlässigt die Tatsache, daß ein Unternehmen nicht mit einzelnen Wertschöpfungsaktivitäten, sondern letztlich mit konkreten Produkten und Leistungen auf den Markt tritt und dort mit anderen Unternehmen konkurriert. Um eine *Analyse und Bewertung seines Produkt- und Leistungsprogramms* kommt das Unternehmen deshalb nicht herum. Unterstützt wird diese Aufgabe durch die verschiedenen Varianten der *Portfolio-Analyse*. Grundlage dieser Methode ist eine Unterteilung des Unternehmens in *strategische Geschäftsfelder* (SGF), die vereinfachend als Produktfeld-Markt-Kombinationen definiert werden können (z.B. 'PKW der gehobenen Mittelklasse für den europäischen Markt' oder 'Haushaltsgeräte für hochindustrialisierte Abnehmerländer' oder 'Versicherungsdienstleistungen für den deutschen Markt').

Die Frage, um die es nun geht, lautet: Welchen Beitrag zum Gesamtziel werden die strategischen Geschäftsfelder in Zukunft leisten? Da sich diese Beiträge aber im voraus nur schwer abschätzen lassen, begnügt man sich zunächst damit, die SGF hinsichtlich bestimmter *Erfolgsfaktoren* zu bewerten, die mit dem Ziel der Überschußmaximierung positiv korreliert sind. Im einfachsten Fall sind es nur zwei Faktoren, und zwar

- das *Marktwachstum* und
- der *relative Marktanteil* des Geschäftsfelds.

Je höher der Marktanteil und das Marktwachstum eines SGF ausgeprägt sind, um so größer wird der Gewinnbeitrag sein, den es in Zukunft erbringt. Diese zweifellos stark vereinfachende Kausalaussage ist jedoch nicht ganz unbegründet: Denn ein hoher Marktanteil sorgt schon aufgrund des Mengenvolumens für relativ hohe Umsätze und ermöglicht, sofern das Unternehmen die mengenabhängigen *Erfahrungskurveneffekte* für sich nutzen konnte, zudem eine relativ hohe Gewinnspanne. Je stärker das Marktwachstum ist, um so lohnenswerter sind Investitionen in einen Ausbau der Marktstellung, zumal die Konkurrenz einem Ausbau des eigenen Marktanteils hier viel weniger Widerstand entgegensetzen wird, als es z.B. in stagnierenden Märkten gewöhnlich der Fall ist.

Gegen diesen Zweifaktoren-Ansatz läßt sich aus theoretischer Sicht manches einwenden (vgl. dazu Jacob, 1982, S. 56 ff.) - vor allem, daß er eben nur zwei Faktoren berücksichtigt. Dies hat zu dem Vorschlag geführt, die SGF zunächst anhand einer Vielzahl von Kriterien zu bewerten und diese Ausprägungen (durch Anwendung der Scoring-Methode) wieder zu zwei Haupteinflußfaktoren zusammenfassen, die hier

- *Wettbewerbsvorteil* und
- *Geschäftsfeldstärke*

genannt werden. Das Ergebnis der Bewertung kann dann wieder, wie schon beim Zweifaktoren-Portfolio, in einer Matrix anschaulich dargestellt werden - und darin liegt gerade eine der Stärken dieser Methode.

Je nach Position der einzelnen SGF in dieser Matrix, dem Ist-Portfolio, werden bestimmte strategische Optionen empfohlen: Für SGF, die schlechte Kriterienausprägungen aufweisen, wird eine Geschäftsfeldaufgabe bzw. Desinvestition vorgeschlagen,[3] für die übrigen werden Investitionsstrategien empfohlen, die darauf abzielen, die Ertragskraft der Geschäftsfelder in Zukunft zu erhalten, wenn möglich sogar zu erhöhen.

Ein "unausgewogenes" Portfolio - z.B. eine Matrix, deren Geschäftsfelder sich in der Reifephase ihres Lebenszyklus befinden und deshalb nur mittlere bis schlechte Kriterienausprägungen aufweisen - zeigt (ähnlich wie die Lücken-analyse) einen strategischen Handlungsbedarf auf, genauer gesagt die Notwendigkeit, zusätzlich zu den bisherigen *neue* Geschäftsfelder aufzubauen. Die *Anwendung* der Portfolio-Methode werden wir in Abschnitt 4.1.2 an einem Beispiel demonstrieren. Wir werden dort auch auf die Frage eingehen, welche "Typen" von Unternehmenskulturen zu den einzelnen Normstrategien passen und diesen zum Erfolg verhelfen.

Bereits hier wird deutlich, wie sehr die strategische Analyse und die Strategie-formulierung ineinandergreifen und sich wechselseitig bedingen. Denn wer Daten sammelt, muß wissen, wofür er sie braucht - benötigt ein "Suchraster", um nicht im Informationschaos zu versinken. Schon während der Analyse müssen die Strategieplaner also vage Vorstellungen über ihre strategischen Handlungsmöglichkeiten haben, um deren Bewertung es ja letztendlich geht - unabhängig davon, daß sie auch während der Analyse gewöhnlich noch weitere Handlungsalternativen entdecken werden.

Fassen wir zusammen: Strategische Analyse ist Datengewinnung - Daten über das ökonomisch relevante Umfeld (Marktnachfrage, Wettbewerber, Zulieferer) und über das Unternehmen selbst (Stärken und Schwächen, Potentiale, Kosten-situation, Wertschöpfungsaktivitäten, "Güte" des bisherigen Produkt- und Leistungsprogramms). Die Menge der erhobenen Daten wird relativ groß sein und redundante Informationen enthalten. In einem *zweiten Schritt* der strategi-schen Analyse sind deshalb die *entscheidungsrelevanten* Informationen heraus-zufiltern und zu einem kohärenten Gesamtbild zu verdichten. Da zukünftige Entwicklungen stets mit Unsicherheit behaftet sind, empfiehlt es sich, für den zugrunde gelegten Betrachtungszeitraum mit *mehreren* alternativ eintrittsmögli-chen Datenentwicklungen (Szenarien) zu arbeiten (vgl. auch Geschka/ von Reibnitz, 1983, S. 125 ff.). Im einfachsten Fall genügt es, drei Alternativszena-rien - ein optimistisches, neutrales und pessimistisches - zu formulieren.

Schon hier sei gesagt, daß bereits die Wahrnehmung (Perzeption) des entscheidungsrelevanten Umfeldes durch die Unternehmenskultur beeinflußt und geprägt wird. Ein krasses Beispiel: Ein Unternehmen mit "introvertierter" Kultur und ablehnender Grundhaltung gegenüber Veränderungen wird für *schwache Signale* aus dem Markt viel weniger empfänglich sein als ein "extrovertiert" eingestelltes Unternehmen, das Veränderungen (auch) als Chance begreift.

- *Ausarbeitung von Alternativstrategien*

In dieser Planungsphase stellen sich zwei Teilaufgaben: Zunächst sind erfolgversprechende strategische Maßnahmen ("Strategiebausteine") zu finden - Handlungsmöglichkeiten, die sich entweder auf bestehende oder neue Geschäftsfelder oder auf bestimmte Funktionsbereiche beziehen. Anschließend sind diese "Bausteine" zu unterschiedlichen Gesamtstrategien zu kombinieren, die den Alternativenraum im strategischen Entscheidungsfeld bilden.

Zur ersten Teilaufgabe: Für **bereits bestehende Geschäftsfelder** gibt es im wesentlichen folgende strategische Handlungsmöglichkeiten:

- *Ausbau durch Marktdurchdringung:* Das Produkt- und Leistungsprogramm bleibt unverändert, aber die bisherigen Märkte werden intensiver bearbeitet als zuvor. Auch ein Relaunch bestimmter Marken ist denkbar.

- *Ausbau durch Marktentwicklung:* Zusätzlich zu den bisherigen werden neue Marktregionen erschlossen und bearbeitet oder neue Abnehmerschichten angesprochen; es werden andere Distributionskanäle benutzt; die bisherigen Produkte werden einem neuen Verwendungszweck zugeführt usw.

- *Ausbau durch Differenzierung innerhalb des Geschäftsfelds:* Veränderung des Produkt-/Leistungsangebots zwecks Erhöhung des Kundennutzens; Angebot zusätzlicher Produkte und/oder Leistungen innerhalb des Geschäftsfelds; Verknüpfung von Einzelleistungen zum "Systemangebot"; auch die umgekehrte Vorgehensweise - Auflösung bisheriger Systemlösungen in Einzelkomponenten ("Unbundling") - ist zu erwägen.

Alle drei Ausbauvarianten sind i.d.R. mit Erweiterungsinvestitionen (neue Produktionskapazitäten, aber auch Investitionen in Forschung und Entwicklung und Marketing) verbunden, die sich erst in der weiteren Zukunft amortisieren.

● *Erhaltung des Status quo:* Es werden nur Ersatzinvestitionen getätigt, die notwendig sind, um die gegenwärtige Ertragskraft zu erhalten. Diese Variante eignet sich für solche SGF, die zwar Überschüsse erwirtschaften (anderenfalls hätte die Erhaltung des Status quo keinen Sinn), aber keine Wachstumsperspektiven (mehr) aufzeigen. Es geht darum, die Überschüsse möglichst lange und vollständig "abzuschöpfen".

● *Konsolidierung/ Konzentration:* "Gesundschrumpfen" des Geschäftsfeldes durch Bereinigung des Produkt- und Leistungsprogramms, Beschränkung auf bestimmte Marktregionen bzw. Käufergruppen und ähnliche Maßnahmen. Die Beschränkung kann vorübergehend (Konsolidierung) oder endgültig sein (Konzentration). Die Alternative ist oft mit Desinvestitionen oder Betriebsstillegungen verbunden. Langfristiges Ziel ist aber die Stärkung der Ertragskraft des Geschäftsfeldes.

● Veränderung der *Produkt- und oder Herstellungstechnologie* innerhalb des Geschäftsfeldes. Gravierende technologische Neuerungen begünstigen oft auch das Entstehen völlig neuer Geschäftsfelder.

● *Veränderung* (i.d.R. Erhöhung) *der Produkt- bzw. Dienstleistungsqualität* mit dem Ziel, das eigene Unternehmen im Wettbewerb stärker zu profilieren.

● *Erhöhung oder Verminderung der Wertschöpfungstiefe:* Verlängerung der Wertschöpfungskette (sofern dadurch keine neuen Geschäftsfelder entstehen, wie z.B. bei der "vertikalen" Diversifikation) oder Beschränkung auf diejenigen Aktivitäten, mit denen das Unternehmen einen Wettbewerbsvorteil erlangen kann.

● *Geographische Umverteilung der Wertschöpfungsaktivitäten,* (z.B. Verlagerung der Produktionsaufgaben in ein sogenanntes "Billiglohnland").

● *Kooperationen mit anderen Unternehmen* hinsichtlich bestimmter Wertschöpfungsaktivitäten des Geschäftsfeldes (z.B. gemeinschaftliche Forschung und Entwicklung oder Beschaffung), soweit diese wettbewerbsrechtlich zulässig sind; solche Kooperationen werden auch als "strategische Allianzen" bezeichnet.

- *Änderungen der Preisstrategie eines Geschäftsfeldes*, z.B. Übergang von der Hoch- zur Niedrigpreisstrategie; Preiserhöhungen sind oft nur im Zusammenhang mit technologischen oder Qualitätsverbesserungen möglich.

- *Änderungen im grundsätzlichen Verhalten gegenüber der Konkurrenz in dem betreffenden Geschäftsfeld*, z.B. Übergang vom defensiven zum offensiven Wettbewerbsverhalten als Reaktion auf Preissenkungen der Konkurrenz. Hiermit stehen im Zusammenhang:

- *Befolgung oder bewußte Verletzung der geltenden "Wettbewerbsregeln"*: Ein Beispiel für die Veränderung solcher Wettbewerbsregeln ist die schon erwähnte Neuverteilung der Wertschöpfungsaktivitäten zwischen Unternehmung und Konsumenten, wie es das Möbelhaus IKEA vorexerziert und dadurch die gesamte Branche beeinflußt hat.

- *Verwirklichung von Synergien* durch engeres Zusammenwirken der bestehenden Geschäftsfelder, z.B. werkstoff-, technologie-, produktions- und absatzorientierte Synergien.

- *Aufgabe der Geschäftsfeldes*, sofern keine der vorgenannten Maßnahmen Aussicht auf Erfolg hat. Diese Option ist mit Desinvestitionen und einer Preisgabe der bisher noch verteidigten Marktposition verbunden. Dabei sind mögliche Marktaustrittsbarrieren zu beachten (siehe Anmerkung 3).

Die Liste der Maßnahmen läßt sich im Einzelfall sicher noch um den einen oder anderen "Strategiebaustein" ergänzen. Schon jetzt zeigt sich, daß der strategische Handlungsspielraum beträchtlich sein kann, auch wenn sich die Strategie auf die bestehenden Geschäftsfelder beschränkt.

Wird zusätzlich ein **Aufbau neuer Geschäftsfelder** in Erwägung gezogen, dann bieten sich folgende strategische Optionen an:

- *Angebot von neuen Produkten/ Leistungen auf den bisher bearbeiteten Märkten* (Beispiel: Ein PKW-Hersteller erwägt, im selben geographischen Marktgebiet künftig auch Motorräder anzubieten).

● *Angebot von neuen Produkten/ Leistungen auf völlig neuen Märkten* (Beispiel: Ein Tabakkonzern erwirbt eine Reederei).[4] In diesem und dem zuvor genanten Fall handelt es sich um *Diversifikationen*, die sich prinzipiell wie folgt klassifizieren lassen:

- *horizontale Diversifikationen* (die neuen Produkte/ Leistungen weisen Ähnlichkeiten mit dem bisherigen Angebot auf bzw. befriedigen vergleichbare Bedürfnisse; Beispiel: eine Bank bietet auch Lebensversicherungen an).

- *vertikale Diversifikationen* in vorgelagerte Produktions- oder nachgelagerte Handelsstufen (Beispiele: ein Automobilhersteller steigt in das Reifengeschäft ein; ein Grossist erwirbt eine Einzelhandelskette).

- *laterale Diversifikationen* ohne produkt- oder leistungsspezifischen Zusammenhang mit dem bisherigen Programm (Beispiel: Ein Anbieter von Wasch- und Reinigungsmitteln erwirbt ein Unternehmen, das Orangensäfte herstellt).

● Zu entscheiden ist auch, ob das neue Geschäftsfeld mit den notwendigen Kapazitäten und Strukturen selbst aufgebaut werden soll (*internes Wachstum*) oder ob man statt dessen ein bereits existierendes Unternehmen aufkauft (*Diversifikation durch Akquisition*).

Gute Ideen sind rar - das gilt auch für das Aufspüren neuer, erfolgversprechender Geschäftsfelder. Im industriellen Bereich beruhen neue Geschäftsfelder oft auf besonderen Forschungs- und Entwicklungsleistungen. Auch die Ergebnisse der strategischen Analyse eignen sich als "Ideenquellen" (z.B. Informationen über Konkurrenzmaßnahmen oder spezielle Kundenwünsche).

Aus methodischer Sicht können die sogenannten *Kreativitätstechniken* weiterhelfen, die - je nach Methode - entweder die intuitive Ideenfindung anregen (so z.B. die Methoden Brainstorming und Synektik) oder die analytisch-systematische Suche nach neuen Ideen unterstützen (z.B. die Morphologische Matrix). In die Gruppe der "logisch-analytischen" Kreativitätstechniken fällt auch der in Abbildung 5 dargestellte dreidimensionale Suchraum für neue Produktfelder, der hier beispielhaft für die Verlagsbranche formuliert wurde:

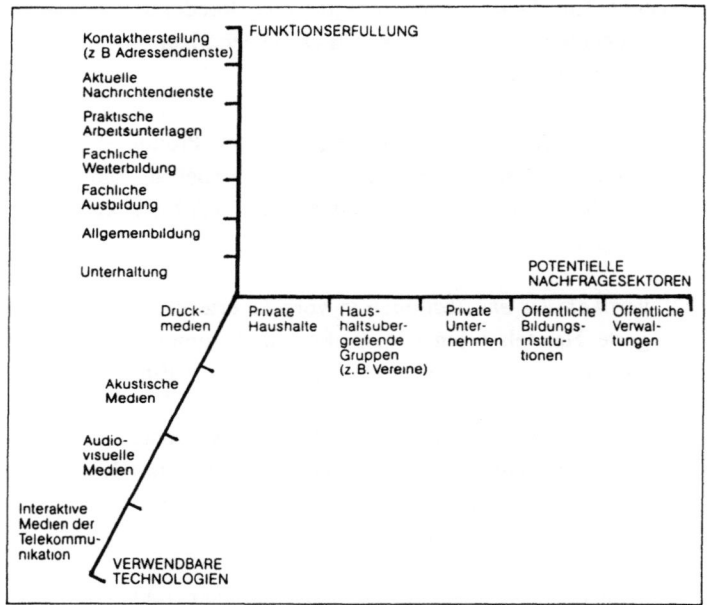

Abb. 5:   *Morphologisches Tableau eines Verlagsunternehmens*
(Quelle: Köhler, 1991, S. 26)

So würde z.B. die Kombination 'Allgemeinbildung' (Funktion), 'Private Haushalte' (Nachfragesektor) und 'Audiovisuelle Medien' (Technologie) die Geschäftsfeldidee 'Lexika auf CD-ROM' nahelegen, die Kombination 'Aktuelle Nachrichtendienste' (Funktion), 'Private Haushalte' (Nachfragesektor) und 'Interaktive Medien' (Technologie) dagegen das Angebot einer Bildschirmzeitung über Btx.

An dieser Stelle werden mögliche Interdependenzen zwischen der hier betrachteten und der vorherigen Planungsphase deutlich: "Überraschend" gefundene Maßnahmenalternativen lösen oft weitere Analysetätigkeiten aus (z.B. Marktforschungsaktivitäten für neu gefundene Produktfeldalternativen); auf der anderen Seiten können zunächst als "unspezifisch" registrierte Nachfragetrends den Anlaß für die Konzipierung weiterer Maßnahmen (die Entwicklung neuer

Produkte oder Leistungen) geben. Datenanalyse und Strategieentwicklung können insofern auch iterativ, als ineinander verzahnte Teilprozesse, ablaufen.

Bisher wurden lediglich geschäftsfeldspezifische Strategiebausteine berücksichtigt. Diese sind gegebenenfalls noch um *funktionsstrategische Alternativen* zu ergänzen, z.b. um Vorschläge für Verbesserungen im Logistik- oder im Beschaffungsbereich, um Leitlinien für die Personalpolitik, Vorschläge für Konzernumstrukturierungen und ähnliches mehr. Am Ende des ersten Schrittes der Alternativengenerierung haben die Planer also (hoffentlich) eine ganze Reihe von Strategiebausteinen gefunden oder "erarbeitet".

Im *zweiten Schritt* sind diese Bausteine zu "stimmigen" Gesamtstrategien zu kombinieren. Um die Zahl der Alternativstrategien in überschaubaren Grenzen zu halten, empfiehlt sich zunächst eine *Vorauswahl* der Strategiebausteine: Je nach Erfahrung und Intuition der Strategieplaner gelingt es, ungünstige strategische Maßnahmen bereits an dieser Stelle (d.h. vor der eigentlichen Bewertung) zu identifizieren und aus dem Planungsprozeß herauszufiltern. Als Filter dient hier z.B. die in der Unternehmensphilosophie formulierte Basisaufgabe des Unternehmens ("Wir sind ein Versicherungsunternehmen ..." oder "Wir bauen Automobile ..."). Auch wirken die bisherigen (z.T. historisch gewachsenden) Geschäftsfelder in gewisser Weise rahmensetzend und schränken den künftigen Handlungsspielraum ein.

Die nach der Vorauswahl verbleibenden Bausteine lassen sich nun wieder auf vielfältige Weise miteinander kombinieren. Um die Zahl der Kombinationen nicht zu groß werden zu lassen, kann so vorgegangen werden, daß für jedes der am Ende der Analysephase formulierten Alternativszenarien eine Gesamtstrategie entwickelt wird, die speziell auf die jeweilige Datenentwicklung zugeschnitten und bei Eintritt dieser Entwicklung möglichst erfolgreich ist. Ob im konkreten Fall so oder anders vorgegangen wird - wichtig ist, daß *überhaupt* alternative Gesamtstrategien formuliert werden. Die Erfahrung zeigt, daß ein solches "Denken in Alternativen" auf strategischer Ebene noch immer keine Selbstverständlichkeit ist.

● *Strategiebewertung*

Die entwickelten Alternativstrategien müssen nun im Hinblick auf die gesetzten Ziele (siehe Phase 1) und für jedes eintrittsmögliche Szenarium bewertet werden. Es ist zu fragen, ob und in welchem Ausmaß die jeweilige Strategie zur Wertsteigerung im Unternehmen beiträgt, gesetzt den Fall, daß die optimistische, mittlere bzw. pessimistische Datenentwicklung eintritt. Bei der Bewertung sind strenggenommen zwei Teilaufgaben zu lösen:

● Zunächst sind die objektiven Handlungsfolgen der strategischen Maßnahmen abzuschätzen (Beispiel: Wie stark erhöht eine Qualitätsänderung unseren Marktanteil?).

● Im zweiten Schritt sind diese objektiven Handlungsfolgen in Zielbeiträge oder Nutzengrößen (z.B. Erlöse oder Gewinne) zu transformieren.

Dies ist um so schwieriger, als die strategischen Entscheidungen oft erst nach Jahren ihre volle Wirkung entfalten, unter Bedingungen, die heute allenfalls in Umrissen erkennbar sind. Aber um den Versuch, die alternativen Strategien unter ökonomischen Gesichtspunkten zu bewerten, kommen die Planer trotzdem nicht herum - es sei denn, sie wollen von vornherein auf eine "rationale" (d.h. nachvollziehbare und gegenüber Dritten begründbare) Strategieentscheidung verzichten.

Eine gewisse Hilfe bei der Bewertung leisten dabei die sogenannten *PIMS-Studien*: Hierbei handelt es sich um ein empirisches Projekt (das wohl größte auf dem Gebiet der empirischen Strategieforschung) mit einer Datenbasis von etwa 3000 strategischen Geschäftseinheiten. Ziel des Projekts ist es, diejenigen Erfolgsfaktoren herauszufinden, die für die Unterschiede der beteiligten Firmen in den Zielgrößen ROI und Cash-flow verantwortlich sind. Von den derzeitigen Ausprägungen dieser Faktoren läßt sich dann auf die zukünftige Entwicklung der Zielgrößen schließen. Bei der Suche nach den einflußstärksten "profit impacts" und möglichen "laws of the market-place" hat sich der (relative) Marktanteil als wichtigste Gewinndeterminante herausgestellt, und zwar mit einer Steigerungsrate von rund "... 3,5 Prozentpunkten des ROI pro 10 Prozentpunkten des Marktanteils" (Buzzell/ Gale, 1989, S. 8).

Zugang zu den *detaillierten* Ergebnissen des PIMS-Projekts haben nur die an dem Projekt beteiligten Mitgliedsfirmen, die allerdings umfangreiche Bewertungs- und Entscheidungshilfen als Beratungsdienstleistungen in Anspruch nehmen können.

Eine dieser Dienstleistungen ist der sogenannte *"PAR-Report"*, der das betrachtete SGF daraufhin untersucht, welchen Return on Investment (ROI) das Geschäftsfeld aufgrund der Ausprägungen seiner Erfolgsfaktoren mindestens erbringen sollte. Abbildung 6 zeigt ein Beispiel:

Einflußfaktoren	PIMS Durchschnitt	untersuchte Geschäfts- einheit	Auswirkung auf den ROI in Prozent- punkten
1. Marktanteil (%)	23,6	7,3	− 3,6
2. Relativer Marktanteil (%)	61,7	17,6	
3. Relative Produktqualität (Index) .	25,9	5,0	− 2,6
4. Relativer Preis (Index)	103,5	102,0	− 0,0
5. Anteil neuer Produkte am Umsatz	11,9	8,3	0,5
6. FuE / Umsatz (%)	2,4	8,6	− 4,4
7. Marketing / Umsatz (%)	10,8	9,9	0,2

Auswirkung der Wettbewerbsposition :	− 9,9

8. Investment / Umsatz (%)	56,1	100,0	− 9,6
9. Investment / Wertschöpfung (%). .	96,7	159,0	
10. Anlagevermögen / Umsatz (%) . . .	52,3	41,0	0,5
11. Wertschöpfung / Umsatz (%)	58,8	63,0	0,5
12. Wertschöpfung pro Mitarbeiter ($ 1000)	30,0	44,8	3,3
13. Kapazitätsauslastung (%)	79,6	108,0	4,4

Auswirkung der internen Struktur :	− 1,3

14. Reales Marktwachstum (%)	8,2	0,0	− 0,6
15. Konzentrationsgrad (%)	56,5	48,8	− 0,3
16. Anzahl von Großkunden (Index) .	12,2	11,6	0,0
17. Bestellvolumen (Index)	5,2	8,0	− 4,3

Auswirkung des Marktes :	− 5,2

Summe der Auswirkungen :	−16,4
ROI PIMS Durchschnitt:	22,1

PAR-ROI untersuchte Geschäftseinheit:	5,7

Abb. 6:   *Ergebnisblatt des PAR-Reports*
     (Quelle: Becker/ Müller, 1986, S. 254)

Die ungünstigen Ausprägungen bei der Wettbewerbsposition und der internen Struktur des betrachteten Geschäftsfelds und die geringe Attraktivität des bearbeiteten Marktes bedingen gegenüber dem Durchschnitt aller von PIMS erfaßten Geschäftsfelder eine negative Abweichung des ROI von (absolut) 16,4 Prozentpunkten. An dem "PAR-ROI" von 5,7 %, den das Geschäftsfeld erbringen sollte, läßt sich messen, wie erfolgreich das Management diese Geschäftseinheit bisher geführt hat. Die Auflistung der Einflußfaktoren gibt darüber hinaus Hinweise auf die Schwachstellen des Geschäftsfelds (hier: der unattraktive Markt, der niedrige Marktanteil, die schlechte Produktqualität) und liefert dadurch Anhaltspunkte für konkrete Verbesserungsmaßnahmen.

Der *"Report on Look-Alikes"* (ROLA), eine weitere PIMS-Dienstleistung, vergleicht eigene Geschäftsfelder mit Konkurrenzgeschäftsfeldern, die ähnlich ausgeprägt sind (Ähnlichkeiten z.B. hinsichtlich der Kostensituation, der Wertschöpfungstiefe, der Kundenstruktur, der Wettbewerbsposition usw.). Die Konkurrenten werden in erfolgreiche ("Gewinner") und weniger erfolgreiche ("Verlierer") unterschieden (siehe Abbildung 7).

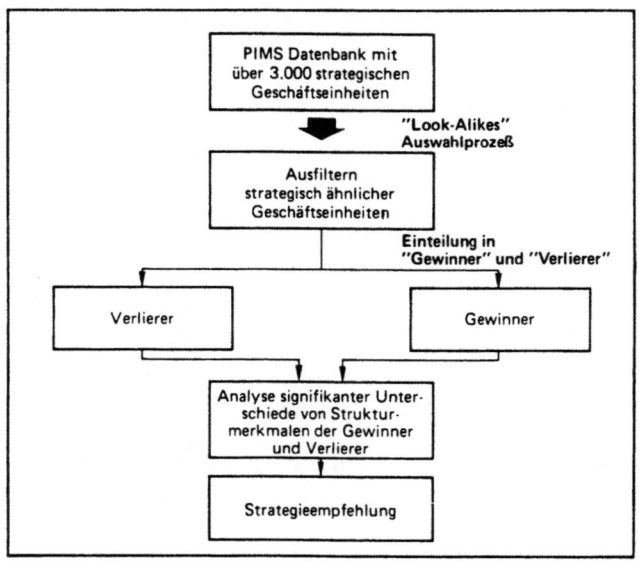

Abb. 7:   *Strategieformulierung und -bewertung mit dem "Report on Look-Alikes" (Quelle: Becker/ Müller, 1986, S. 256)*

Die eigenen Strategievarianten lassen sich nun daraufhin untersuchen, ob sie eher den Verhaltensmustern der einen oder der anderen Gruppe vergleichbar sind. Mit Hilfe zusätzlicher Modellmodule läßt sich auch direkt die Strategiealternative (jeweils für ein Geschäftsfeld) bestimmen, die die größte Erfolgsaussicht hat. Die Unterstützung durch das PIMS-Programm reicht also von der strategischen Analyse über die Alternativengenerierung und -bewertung bis hin zur Strategieauswahl.

Trotz aller methodischen Hilfen spielen bei der Strategiebewertung auch qualitative Faktoren wie *Erfahrung und Intuition* der Strategieplaner eine wichtige Rolle. Denn eine intime Branchenkenntnis und ein gutes Gespür für Wettbewerbs- und Nachfrageentwicklungen lassen sich durch statistische Verfahren und schematisierte Methoden nicht völlig ersetzen - gerade dann nicht, wenn es darum geht, das Erfolgs-/Gewinnpotential bestimmter Strategien abzuschätzen.

Ist eine Bewertung "in Mark und Pfennig" nicht möglich, dann sollte wenigstens versucht werden, die Strategievarianten mit Hilfe der *Scoring-Methode* zu bewerten. Zunächst ist jede Alternative hinsichtlich bestimmter Kriterien (der relevanten Erfolgsfaktoren) zu bewerten, z.B. anhand einer Skala, die von 0 (= sehr ungünstige Ausprägung) bis 5 (= sehr günstige Ausprägung) reicht. Die Ausprägungen werden dann mit einem Multiplikator gewichtet, der die Bedeutung des jeweiligen Faktors ausdrückt, und anschließend summiert. Die Summe der gewichteten Punktwerte steht stellvertretend für das Gewinnpotential und bringt den Wert der jeweiligen Strategie für das Unternehmen zum Ausdruck.

● *Strategieauswahl*

Im letzten Schritt des Planungsprozesses ist die zielgünstigste Strategievariante zu identifizieren. Bei Anwendung der Scoring-Methode ist diese Aufgabe trivial - die Alternative mit der höchsten Punktwertsumme ist die günstigste. Jedoch bleibt bei diesem Verfahren die Datenunsicherheit unberücksichtigt, die überhaupt erst eine Abwägungsproblematik begründet. Denn gewöhnlich ist jede der betrachteten Strategievarianten auf eine ganz bestimmte Umweltentwicklung "zugeschnitten" und erbringt in den anderen für eintrittsmöglich gehaltenen Szenarien weniger gute Zielbeiträge als andere Alternativen. Nehmen wir z.B. an, daß nur zwei Alternativstrategien betrachtet werden: *Strategie 1*, die sich stark am Status quo orientiert und dann zielgünstig ist, wenn die relevanten Umweltbedingungen im wesentlichen gleichbleiben, und *Strategie 2*, die große

Umschichtungen im Geschäftsfeld-Portfolio vorsieht (Aufgabe alter/ Aufbau neuer SGF) und dann zielgünstig ist, wenn sich die Nachfrage- und Wettbewerbssituation stark verändert. Die Geschäftsleitung hat die Aufgabe, zwischen beiden Varianten zu wählen.

Ist das Planungsproblem hier, am Ende des Planungsprozesses, so "wohl-strukturiert", daß es in Form einer Entscheidungsmatrix dargestellt werden kann,[5] dann lassen sich die bekannten Entscheidungsregeln bei Datenunsicherheit anwenden (vgl. dazu Voigt, 1992, S. 485 ff.). Gegebenenfalls ist auch der Einsatz mathematischer Planungsmodelle möglich, die den Vorteil haben, daß sie die "Bausteine" während des Lösungsverfahrens miteinander kombinieren, so daß sich eine explizite Ausformulierung alternativer Gesamtstrategien erübrigt.

Die strategische Planung erreicht jedoch häufig nicht das Maß an Quantifizierung, das die Anwendung solcher Methoden und Modelle voraussetzt. Um dennoch zu einer "rationalen" Entscheidung zu kommen, kann nach dem Grundgedanken des *Chancen-Risiken-Vergleichs* vorgegangen werden. Kommen wir dazu auf die beiden oben erwähnten Alternativstrategien zurück (Variante 1: Status quo; Variante 2: größere Veränderungen). Alle bisherigen Analyse- und Bewertungsergebnisse sind - soweit möglich - auf die beiden folgenden Angaben zu verdichten:

● Wie groß ist das *Gewinnpotential*, das mit dieser Strategievariante aller Wahrscheinlichkeit nach erschlossen werden kann?

● Wie hoch ist das mit der Strategie verbundene *Risiko*, d.h. die Gefahr, daß die verfolgte Strategie zu einem Verlust führt?

Die Angaben müssen nicht "bis auf die Stelle hinter dem Komma" genau sein; im einfachsten Fall genügt es, wenn die Unternehmensleitung Vorstellungen über die jeweiligen Größenordnungen gewinnt. In unserem Beispiel mag es so aussehen, daß Variante 1 nur ein geringes Gewinnpotential, aber so gut wie kein Risiko aufweist, während bei Variante 2 Gewinnpotential und Risiko relativ hoch sind. Die Ergebnisse dieser Bewertung sind in der Tabelle 1 zusammengefaßt (siehe umseitig). Die Unternehmensleitung muß nun abwägen, ob ihr die *zusätzliche* Gewinnchance bei Wahl der Alternative 2 in Höhe von 50 Mio. GE das damit verbundene *zusätzliche* Risiko von 20 Mio. GE (immer im Vergleich mit Variante 1) wert ist. Die Entscheidung hängt letztlich von den Präferenzen, insbesondere von der Risikoeinstellung der Unternehmensleitung ab: Ein "risikoscheues" Gremium wird sich für Variante 1 entscheiden, ein "risikofreudiges" dagegen Variante 2 vorziehen. Wichtig ist, daß *überhaupt* eine explizite Abwägung der Alternativstrategien unter Chancen- und Risikogesichtspunkten erfolgt, um die Strategieentscheidung (z.B. vor der Hauptversammlung oder gegenüber dem Aufsichtsrat) rechtfertigen und begründen zu können.

Alternativstrategien	Entscheidungskriterien	
	Gewinnpotential (in Geldeinheiten)	Verlustrisiko (in Geldeinheiten)
S_1	ca. 50 Mio.	0
S_2	> 100 Mio.	20 Mio.

Tab. 1:   Entscheidungsmatrix für den Chancen-Risiken-Vergleich (Beispiel)

Mit dieser Entscheidung ist der Prozeß der Strategieplanung abgeschlossen. Halten wir fest: Eine Unternehmensstrategie, die auf die geschilderte Wiese konzipiert wird, entsteht nicht "zufällig", sondern ist das Ergebnis sorgfältiger Strukturierung und gründlicher Abwägung. Strategische Planung - in diesem Sinne - ist Entscheidungsfindung unter schwierigsten Bedingungen (schlecht-strukturiertes Problem, Datenunsicherheit) und im vollen Bewußtsein der Verantwortung, hierdurch Rahmenbedingungen zu setzen und Leitlinien zu formulieren, die sich auf das gesamte künftige Unternehmensgeschehen, bis hin zum letzten Handgriff, prägend auswirken werden.

Ob eine Strategie nun 'gut' oder 'schlecht', zielgünstig oder ungünstig ist, hängt - wie gezeigt - von vielen Faktoren ab. Folgende Punkte sind dabei von besonderer Wichtigkeit:

- eine möglichst problemadäquate Strukturierung der Planungssituation (sorgfältige Analyse und Prognose),
- ein "gutes" Gespür für erfolgreiche strategische Maßnahmen,
- eine realistische Bewertung der Alternativen und
- ein sorgfältiges Abwägen des Für und Wider einer jeden Strategievariante.

Erfolgreiche Strategien müssen keine seltenen Glücksfälle bleiben; sie sind planbar. Der Prozeß der Strategieplanung und die wichtigsten Einflußgrößen sind in Abbildung 8 noch einmal auf einen Blick dargestellt.

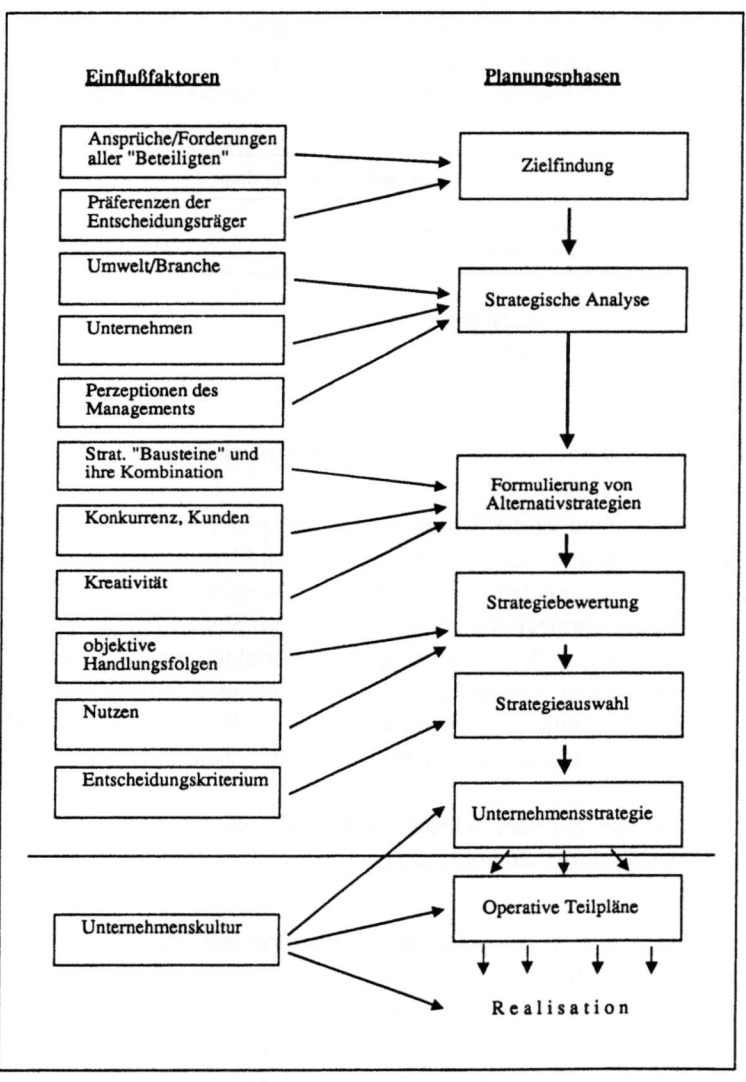

Abb. 8: Prozeß und Einflußgrößen der strategischen Planung

2.1.3 Möglichkeiten und Grenzen der synoptisch-rationalen Strategieplanung

Der bisher skizzierte Ansatz der strategischen Planung kann als "*synoptisch-rational*" bezeichnet werden, da hier prinzipiell am Grundgedanken der Planbarkeit des künftigen Unternehmensgeschehens festgehalten wird. Um es noch einmal zu sagen: Ziel einer Strategie ist es ja gerade, einen Unternehmensgesamtplan zu entwerfen, der - unter bewußtem Verzicht auf Details - abgestimmte Vorgaben für alle relevanten Unternehmensbereiche enthält und so ein "holistisches" Gesamtbild der anzustrebenden Unternehmenstätigkeit ergibt.[6]

Auf dieser *formalen* Ebene erkennt man durchaus Parallelen zur militärischen Strategieplanung: Auch der "Feldherr" entwirft vor der Schlacht auf Basis einer gründlichen Analyse des Schlachtfeldes sowie der gegnerischen und der eigenen Truppenpotentiale einen *Grob*plan für die Aktionen und Bewegungen der eigenen "Aggregate" - Infanterie, Kavallerie und Artillerie - einen strategischen Plan, der nur dann zum Erfolg führen kann, wenn er auf den unteren Kommandoebenen akzeptiert und dort "im gleichen Sinne" in konkrete Handlungen umgesetzt wird.

Auch im ökonomischen Bereich ist zu beachten, daß die Strategieplanung lediglich den *ersten Schritt* im Rahmen eines *heuristischen* Planungsansatzes (dem der hierarchischen Planung) darstellt, der es überhaupt erst ermöglicht, trotz der Komplexität der Planungsaufgabe einen detaillierten *und* abgestimmten Unternehmensgesamtplan zu erstellen. Die Güte dieses Plans hängt von der Strategie ebenso ab wie von der Fähigkeit der Mitarbeiter, die strategischen Vorgaben, die für gewöhnlich noch Gestaltungsspielräume aufweisen, "schöpferisch" zu desaggregieren und in konkrete Handlungen umzusetzen.

Eine strategische Planung, die sich als Bestandteil und "ersten Schritt" der hierarchischen Planung versteht, nimmt also von vornherein Abschied von dem Ideal einer simultanen Totalplanung des Unternehmens auf detailliertem Niveau, wie es noch den in den 70er Jahren formulierten (aber nie realisierten) "Unternehmensgesamtmodellen" zugrunde lag (vgl. z.B. Meyhak, 1970; Ludewig, 1975; vgl. auch das Unternehmensgesamtmodell bei Hahn/ Hölter/ Steinmetz, 1986, S. 565 ff.). "Strategisch" planen bedeutet vielmehr, eine *praktikable* Antwort auf das Komplexitätsproblem der Planung zu geben, zumal durch Abstraktion und Aggregation im besonderen Maße auf die begrenzte (menschliche und technische) Informationsverarbeitungs- und Problemlösungskapazität Rücksicht genommen wird.

Da es bei der Strategieplanung, wie erwähnt, vor allem um die *Problemstrukturierung* (und erst in zweiter Linie um die Problem*lösung*) geht, gibt es letztlich auch kein theoretisch-exaktes Optimum, sondern nur mehr oder weniger gute Lösungsansätze. Und so hilfreich die Planungstechniken, die im strategischen Bereich ja vor allem Analyse- und Strukturierungshilfen darstellen, auch sind: Es kommt, wie schon mehrfach betont, oft entscheidend auf die Erfahrung, die Intuition und das "richtige Gespür" der Planungsträger an - Faktoren, die sich nicht durch Verfahren, Methoden und schematisierte Techniken ersetzen lassen.

Fazit: Die strategische Planung verzichtet trotz ihres heuristischen Charakters nicht auf eine synoptisch-rationale (auf ein Gesamtkonzept abzielende) Sichtweise, wird aber dort, wo die Planbarkeit an ihre Grenzen stößt, durch "inkrementale" Elemente ergänzt, die wir im folgenden Abschnitt noch etwas näher betrachten wollen.

2.2   Inkrementale Elemente der strategischen Planung

Als "inkremental" wird eine Planung bezeichnet, die unter Verzicht auf die Erstellung einer langfristigen Gesamtkonzeption in kleinen (gegebenenfalls unkoordiniert bleibenden) Schritten Verbesserungen des Status quo herbeizuführen versucht. Sie stellt das Gegenstück zur synoptisch-rationalen Planung dar. In der Literatur finden sich dafür auch die Synonyme *Muddling Through* ("Durchwursteln", vgl. Lindblom, 1959, S. 79 ff.), *Strategy of Disjointed Incrementalism* (vgl. Braybrooke/ Lindblom, 1969, S. 81 ff.) oder *Stückwerk-Technologie* (vgl. Popper, 1987, S. 51 ff.).[7]

Im ökonomischen Bereich wurde die inkrementale Planung zunächst nicht "... als normatives Vorbild, sondern als explikatives Abbild realer Problemlösungsprozesse" (Bretzke, 1989, Sp. 651) verstanden. Es stellte sich jedoch heraus, daß auch normative Planungskonzepte - obwohl im Grundsatz synoptisch-rational aufgebaut - nicht völlig auf inkrementale Elemente verzichten können, insbesondere wegen der durch Komplexität und Datenunsicherheit verursachten Probleme. Sofern die hierarchische oder die strategische Planung nicht a priori als "inkremental" klassifiziert werden[8] - ein Sichtweise, der wir hier nicht folgen -, dann sind die Planungskonzepte daraufhin zu untersuchen, ob Ähnlichkeiten mit einer solchen sich "schrittweise vorantastenden" Planung bestehen. Im Rahmen der *strategischen Planung*, wie wir sie bisher skizziert haben, finden sich "inkrementale" Elemente vor allem in den folgenden Tatbeständen:

● *Ansatz der "revolvierenden" Planung*: In der n Planperioden (z.B. Jahre) umfassenden Strategie sind nur die Vorgaben für die *erste* Periode verbindlich und zur
Realisation bestimmt, während die strategischen Vorgaben für die zweite (dritte,
vierte usw.) Periode im Zeitablauf noch einmal (zweimal, dreimal usw.) überar-
beitet werden. Bei diesen Überarbeitungen gehen nicht nur die zwischenzeitlich
hinzugewonnenen Umweltinformationen, sondern auch die Ergebnisse der strategischen (Plan-Plan-) Kontrolle als Rückkopplungs-Informationen ein, so daß
ein "Lernen" aus früheren Planungsfehlern noch vor der Strategierealisation
(d.h. vor Weitergabe der strategischen Vorgaben an die untergeordneten Planungsstufen und der Ausführung der desaggregierten Maßnahmenpläne) möglich ist. Jede für eine anstehende Periode "verbindlich" geplante Strategie ist
also das Ergebnis mehrfacher Überarbeitungen und damit im gewissen Ausmaß
inkremental entstanden.

● Auch während der Implementierung (= Desaggregation und Realisation) der
Strategie kann es zu Problemen kommen, wenn die Annahmen, auf denen die
Strategie notwendigerweise beruht, zu weit von der Realität entfernt sind, was
ungünstige (da schlecht koordinierte) oder gar unrealisierbare Detailpläne zur
Folge haben kann.
Ein *Beispiel*: Der schon erwähnte Automobilhersteller muß bei der Desaggrega-
tion der Vorgabe *Aufbau des Geschäftsfeldes "Kleinwagen"* feststellen, daß die
auf strategischer Ebene veranschlagten Stückzahlen mit den gegenwärtigen Pro-
duktionskapazitäten nicht zu realisieren sind oder daß der angestrebten 'neuen
Produkttechnologie' in der Entwicklungsphase überraschende hohe Umset-
zungsprobleme in den Weg treten, die eine Produkteinführung im geplanten
Zeitrahmen vereiteln.

In solchen Fällen bietet sich an, es nicht bei *einem* Planungsdurchlauf "von oben
nach unten" (top-down) zu belassen, sondern Vorschläge für eine Verbesserung
der Detailpläne "von unten nach oben" (bottom-up) zurückzumelden. Durch das
Wechselspiel beider "Strömungsrichtungen", auch als *Gegenstromverfahren*
bezeichnet (vgl. Wild, 1974, S. 196 ff.), wird eine schrittweise - inkrementale -
Verbesserung der Strategie erreicht.

● Die strategischen Planungen erfolgen zwar überwiegend in einem festen (z.B.
jährlichen) Planungsrhythmus; strategische Entscheidungen werden in der
Praxis aber auch zwischenzeitlich gefällt, sofern plötzlich auftretende gravie-

rende Probleme (*strategic issues*) dies erfordern (vgl. Ansoff, 1980, S. 131 ff.; Kreikebaum, 1989a, Sp. 1876 ff.). Dabei ist es oft schwer, diese Entscheidungen harmonisch in den Kontext der Gesamtstrategie einzubinden. Festzuhalten ist aber, daß jede letztlich realisierte Strategie sowohl das Ergebnis einer "geregelten" Planung als auch - zu einem gewissen Teil - das Ergebnis fallweise und damit inkremental getroffener strategischer Entscheidungen ist.

- Auf die Bedeutung der *Improvisation* bei der Desaggregation und Umsetzung der Strategie haben wir bereits hingewiesen. Auch sie ist ein inkrementaler Baustein im synoptisch-rationalen Grundgerüst der hierarchischen Planung.

Halten wir fest: Dort, wo die ganzheitlich-rationale Planung an ihre Grenzen stößt (z.B. beim Problem der Datenunsicherheit), wird die Strategie inkremental - in kleinen Schritten, in einem Prozeß aus vorsichtigen Veränderungen und häufigen Korrekturen - weiterentwickelt und ausformuliert. Wie noch gezeigt wird, kommt die Unternehmenskultur auch (in manchen Fällen sogar besonders) in diesen inkrementalen Elementen zum Ausdruck und hinterläßt dadurch ihre Spuren in der Unternehmensstrategie.

2.3   Formulierte versus "formierte" (emergente) Strategien

Eine weitere Unterscheidung, die für die folgenden Überlegungen von Bedeutung ist, betrifft den Unterschied von formulierten und "formierten" Strategien: Denn der "verbindlichen", mit Hilfe der erwähnten Systeme und Methoden formulierten Strategie, wie sie sich am Ende der Planungstätigkeiten der obersten Ebene im hierarchischen Planungssystem ergibt, stehen möglicherweise Handlungsmaximen gegenüber, wie sie durch tägliches Handeln und ohne Hilfe solcher Systeme und Methoden entstehen und die - auf ein vergleichbares Aggregationsniveau verdichtet - als "formierte" oder "emergente" Unternehmensstrategie bezeichnet werden können.[9] Mit anderen Worten: "Strategies can develop inadvertently, without the conscious intention of senior management, often through a process of learning. A salesperson convinces a different kind of customer to try a product. Other salespeople follow up with their customers, and the next thing management knows, its products have penetrated a new market." (Mintzberg, 1994, S. 111).

Problematisch wird es, wenn eine solche gewissermaßen "an der Basis" formierte (beobachtbare, dem tatsächlichen Geschehen entsprechende) Strategie von der formulierten (von der Unternehmensleitung intendierten) Strategie deutlich abweicht und letztere gar zu vedrängen droht. "Formierte" strategische Handlungsmuster können sich ex post aber auch als zielgünstig erweisen und deshalb in die "formulierte" Strategie Eingang finden. Denn, so Mintzberg, "... deliberate strategies are not necessarily good, nor are emergent strategies necessarily bad... (A)ll viable strategies have emergent and deliberate qualities, since all must combine some degree of flexible learning with some degree of cerebral control" (Mintzberg, 1994, S. 111). Jedoch wird man annehmen können, daß die Unternehmensleitung einem Auseinanderdriften von intendierter und tatsächlich realisierter Strategie nicht tatenlos zusehen wird.

Wie noch zu zeigen ist, findet eine solche Diskrepanz zwischen gewollter und tatsächlich verwirklichter Strategie auf unternehmenskultureller Ebene ihre Entsprechung (und eine ihrer Ursachen) in einer Inkongruenz von Soll- und Ist-Kultur.

Ein weiterer Aspekt ist für die folgenden Überlegungen von Interesse und soll deshalb näher ausgeführt werden: die "evolutorische" Perspektive von strategischer Planung und strategischem Management.

2.4 Evolutionäre Strategien und evolutionäres strategisches Management

Jedes Unternehmen "existiert", um bestimmte Ziele zu verwirklichen bzw. im Zeitablauf sogar "... einen Fortschritt in der Befriedigung der Bedürfnisse und Interessen der von den Unternehmensaktivitäten direkt oder indirekt Betroffenen zu erreichen" (Kirsch, 1993, Sp. 4106). Die Unternehmensleitung steht damit vor der Aufgabe, angesichts einer dynamischen und unsicheren Umweltentwicklung die Grundlagen für eine dauerhafte Zielerreichung legen zu müssen. Es ist offensichtlich, daß dies nur in Form einer *permanenten Neuausrichtung* des Unternehmens auf (vermutete bzw. bereits eingetretene) Umweltveränderungen - also in Form einer "geplanten Evolution" - geschehen kann.

Aus der Sicht der Unternehmensführung erfordert dies ein *"evolutionäres" strategisches Management*. Die genaue Bedeutung dieses Begriffs ist in der Literatur umstritten.[10] Der Kerngedanke ist, daß die Unternehmensleitung sich nicht mit einem einmal erreichten "Gleichgewicht", einer gegenwärtig erfolgreichen Abstimmung von Umwelt und Unternehmen, zufriedengibt, sondern immer wieder Impulse für eine kreative Weiterentwicklung in allen Bereichen des Unternehmens schafft.

Es geht nicht mehr länger darum, die Unternehmensumwelt völlig oder doch möglichst weitgehend zu beherrschen und sie entsprechend den eigenen Zielen zu gestalten - dies ist wegen der zunehmenden Komplexität und Dynamik ohnehin unmöglich -, sondern um eine "Koevolution" von Unternehmen und Umwelt, ein Wechselspiel aus Anpassung und Neuschöpfung, "... das auf ein kreatives Erschließen von Innovationspotentialen im Rahmen von Lernprozessen gerichtet ist" (Servatius, 1994, S. 158). Das evolutionäre strategische Management bewegt sich damit stets im Spannungsfeld zwischen Problem*schließung* und definitivem Handeln einerseits und Problem*öffnung* und kritische Reflexion der Strategie auf der anderen Seite (vgl. Steinmann/ Gerhard, 1992, S. 173).

Eine besondere Rolle spielt in diesem Zusammenhang die *Generierung von neuen Ideen* - z.B. für neue Produkt- oder Leistungsfelder, auf denen das Unternehmen tätig werden könnte, für neue Technologien, andersartige Formen der Marktbearbeitung, neue Organisationsformen usw. -, die über den folgenden "Evolutionsmechanismus" geprüft und gegebenenfalls in die Strategie einbezogen werden (vgl. auch Sabathil, 1991, S. 79):

- *Variation bzw. Mutation* (= Erzeugung "zufälliger" Veränderungen des Status quo),

- *Selektion* (= Auswahl derjenigen Veränderungen, die zu einem höheren Zielerreichungsgrad führen) und

- *Bewahrung* (= Festhalten an guten, "bewährten" Lösungen)

Eine evolutionäre Strategie kann darüber hinaus noch weitere Ähnlichkeiten mit biologischen Anpassungs- und Überlebensstrategien aufweisen (vgl. im einzelnen bei Sabathil, 1991).

Aus der Sicht der Unternehmensführung kommt es darauf an, den skizzierten "Mechanismus" zu fördern und im Unternehmen zu institutionalisieren. Der evolutionstheoretische Ansatz muß dann nicht zwangsläufig - wie Steinmann und Schreyögg befürchten - in einer Sackgasse enden (vgl. Steinmann/ Schreyögg, 1991, S. 59). Erinnert sei noch einmal an die Tatsache, daß *jede* Strategie aufgrund ihres hohen Aggregationsgrades bestimmte Gestaltungs- und Anpassungsspielräume aufweist, die erst auf den nachfolgenden Planungs- und Entscheidungsebenen ausgefüllt werden und so eine *evolutorische Feinsteuerung* des Unternehmens (bei unveränderter Strategie) erlauben.

Zurück zu den Aufgaben der Unternehmensleitung: Um die Grundlagen für den "geplanten Wandel" des Unternehmens legen zu können, ist eine langfristige und integrative Betrachtungsweise notwendig. So ist z.b. der Aufbau von *Flexibilitätsreserven*, die diesen Wandel erleichtern sollen, zunächst mit Ausgaben verbunden, deren Nutzen sich erst in der weiteren Zukunft zeigt. Evolutionäres Management verlangt also von der Unternehmensleitung den bewußten Verzicht auf die maximale Ausnutzung der gegenwärtigen Situation zugunsten der langfristigen Unternehmensentwicklung.

Dabei ist zu beachten, daß sich die geplante Evolution des Unternehmens (und damit auch die strategische Planung selbst) im *Spannungsfeld zwischen "deduktiver" und "induktiver" Orientierung*, zwischen neuen Ideen und gemachten Erfahrungen vollzieht (vgl. Kirsch, 1993, Sp. 4106): Immer wieder muß ein Kompromiß gefunden werden zwischen der Notwendigkeit, neue Wege zu gehen und Veränderungen (Anpassungen) herbeizuführen, und dem - nicht immer unvorteilhaften - Hang, am "Bewährten" festzuhalten und den Status quo zu belassen. Wie wir in Abschnitt 5 sehen werden, erfordert dieser Kompromiß auch eine Abstimmung ("Harmonisierung") von Unternehmensstrategie und Unternehmenskultur.

Wir fassen zusammen: Die strategische Planung zielt auf die Erstellung eines *hochaggregiert-langfristigen Gesamtplans* und ist - als praxisrelevanter Ansatz zur Lösung des Komplexitätsproblems - stets eine Kombination aus synoptisch-rationalen und inkrementalen Planungselementen. In der Praxis können formulierte Strategien abweichenden *formierten (oder emergenten)* strategischen Handlungsmustern gegenüberstehen, die als Ausdrucksform der bestehenden Unternehmenskultur (Ist-Kultur) gewertet werden können. Aus langfristiger Perspektive sind *evolutionäre* Strategien erforderlich, die die Grundlage für einen "geplanten Wandel", eine kreative Anpassung des Unternehmens an künftige Umweltveränderungen legen.

Alles in allem steht die Unternehmensführung also keinesfalls hilflos der Aufgabe gegenüber, ein langfristig angelegtes und möglichst erfolgreiches Grobkonzept für die künftige Unternehmensentwicklung zu erarbeiten. Strategische Planung ist keine graue Theorie, sondern schon heute ein wichtiger und unverzichtbarer Bestandteil der Managementpraxis.

Wenden wir uns damit dem Komplex "Unternehmenskultur" zu.

3. Unternehmenskultur

3.1 Begriffliche Grundlagen und wissenschaftliche Ansätze

3.1.1 Definition

Mit dem Begriff 'Unternehmenskultur' ist die Art und Weise gemeint, wie die Menschen in einem Unternehmen denken, reden und handeln. Die akademische Definition versteht darunter die "... *Grundgesamtheit gemeinsamer Wert- und Normenvorstellungen sowie geteilter Denk- und Verhaltensmuster*" (Heinen/ Dill, 1990, S. 17), die sich prägend auf die Entscheidungen sowie Aktivitäten und Handlungen der Unternehmensmitglieder auswirken. Diese Grundannahmen und Werte beruhen auf gemeinsamen Erfahrungen von Mitgliedern einer Gruppe (hier: eines Unternehmens) und haben sich "... aus Sicht der Gruppe als so erfolgreich erwiesen, daß sie neuen Mitgliedern der Gruppe als die richtige Wahrnehmung oder als das richtige Denken" (Dierkes, 1988, S. 557) mitgeteilt werden. Dadurch, daß neue Mitarbeiter in einem subtilen Prozeß in das bestehende Werte- und Normensystem "hineinsozialisiert" werden, bekommt die Unternehmenskultur trotz Fluktuation eine gewisse Stabilität.

Ihre Prägung erhält die Unternehmenskultur - ähnlich wie die Strategie - vor allem durch die Umwelt, sie erfährt aber auch durch unternehmensinterne Persönlichkeiten (die nicht unbedingt der obersten Führungsebene angehören müssen) und die eigene (Erfolgs- oder Mißerfolgs-) Geschichte des Unternehmens wichtige Impulse.

Daß es mehrere wissenschaftliche Ansätze zur Erklärung des Phänomens "Unternehmenskultur" gibt, hängt vor allem damit zusammen, daß sich die Sichtweisen im Zeitablauf von relativ einfachen zu differenzierten Konzepten gewandelt haben (vgl. dazu z.B. Smircich, 1983, S. 343 ff.; Sackmann, 1990, S. 155 ff.; Ulrich, 1993, Sp. 4352 ff.; Prätorius/ Tiebler, 1993, S. 55 ff.):

Während die Unternehmenskultur in frühen Arbeiten primär als Kontext- und mit leichter Zeitverzögerung auch als Instrumentalvariable des Managements angesehen wurde (*funktionalistischer Ansatz* der Unternehmenskultur), gingen und gehen die Vertreter des *interpretativen Ansatzes* davon aus, daß sich die Geschehnisse im Unternehmen als kulturelle Phänomene erklären und Unternehmen selbst als "Miniaturgesellschaften" deuten lassen. Beide Sichtweisen werden im folgenden etwas näher erläutert, da sie nach wie vor die Grundlage für neuere Ansätze bilden, die auf eine Synthese beider Auffassungen zu einem "kulturbewußten Management" hinauslaufen.

3.1.2 Der funktionalistische Ansatz: Unternehmen "haben" Kulturen

Einer der Gründe, warum Unternehmenskulturen in den Blickpunkt wissenschaftlichen Interesses rückten, war der in den 70er Jahren sich abzeichnende Erfolg japanischer Unternehmen im internationalen Wettbewerb, wobei man der "... normativen Innenlenkung und Sozialintegration durch Sinngemeinschaft (Konsens)" als möglichem Erfolgsfaktor besondere Aufmerksamkeit schenkte (Ulrich, 1993, Sp. 4352). Es wurde angenommen, daß *(Landes-)Kulturen als Kontextvariablen* die länderspezifischen Unterschiede im Management-Stil und Erfolg von Unternehmen zu erklären vermochten (vgl. die Arbeiten von Pascale/ Athos, 1981; Ouchi, 1981; Schein, 1981).

Von hier aus war es nur ein kleiner Schritt zu der Überlegung, daß die Unternehmenskultur nicht nur eine (unbeeinflußbare) Kontext-, sondern eine *(gestaltbare) Instrumentalvariable* des Managements darstellen könnte. Die Unternehmenskultur wurde damit zum Konzept der "machbaren" Kultur. Wenn die Unternehmenskultur tatsächlich bestimmte handlungsorientierende und verhaltenssteuernde Funktionen - vor allem Integration, Koordination, Motivation - erfüllt, liegt die Empfehlung nahe, das bestehende Werte- und Normensystem des Unternehmens durch "Kulturmanagement" bewußt im Sinne der Unternehmensziele zu beeinflussen bzw. zu gestalten, um damit die strategische Position des Unternehmens zu verbessern.

Praktische Erfahrungen auf dem Gebiet des "Kulturmanagements" brachten jedoch bald eine gewisse Ernüchterung und erteilten allzu naiven Vorstellungen von einer nahezu beliebigen Gestaltbarkeit der Unternehmenskultur eine Absage. Es wurde deutlich, daß sich eine Unternehmenskultur weder anordnen noch "konstruieren", sondern nur im Rahmen eines kulturellen Lernprozesses finden und entwickeln läßt, der die Menschen im Unternehmen nicht als Objekte, sondern als Träger des kulturellen Wandels einbezieht.

Nicht nur die Strategie entwickelt sich "evolutionär", sondern auch die Kultur, indem neue Werte und Normen, die sich für das Unternehmen (und damit i.d.R. auch für die darin Beschäftigten) als gut und richtig erwiesen haben, dauerhaft übernommen und im Werte und Normensystem "aufbewahrt" werden, solange sie bei wiederholter Prüfung diesem Anspruch noch gerecht werden. Nach der neueren funktionalistischen Auffassung ist dieser Prozeß zwar nicht direkt planbar, er kann jedoch dadurch beeinflußt werden, daß ein unternehmensspezifischer Wertewandel überhaupt erst in Gang gebracht und moderiert oder ein anderes Werte- und Normensystem sichtbar vorgelebt wird.

Auf diese und andere Maßnahmen, die zu diesem Zweck ergriffen werden können, kommen wir im folgenden noch zurück. Die "aufgeklärt-funktionalistische" Sichtweise warnt jedoch davor, die Entwicklung völlig prädestinieren und ein bestimmtes Ergebnis erzwingen zu wollen. Dies würde die Mitarbeiter zu Statisten in einem bereits völlig festgelegten Ablauf degradieren und einen "echten" kulturellen Lernprozeß im Keim ersticken.

Hinzu kommt, daß eine solche Vorgehensweise mit dem Konzept der diskursiven Unternehmensethik, wie wir es eingangs skizziert haben, *nicht* vereinbar wäre (vgl. auch Osterloh, 1989, S. 151 f.). Ein determinierter Kulturwandel, der nicht auf allgemeinem Konsens beruht, würde von den Betroffenen als "Wertedrill", als zusätzlicher Zwang erlebt und hätte (wie gut die Vorsätze auch sein mögen, die die Unternehmensleitung zu diesem Vorhaben bewegen) nach heutiger Auffassung keine unternehmensethische Begründung.

3.1.3 Der interpretative Ansatz: Unternehmen "sind" Kulturen

"Bei dieser Perspektive wird Kultur als Metapher für Organisationen benutzt mit dem Ziel, ein besseres Verständnis von Organisationen und deren Prozessen zu gewinnen" (Sackmann, 1990, S. 161). Nach dieser Auffassung kann sich ein Unternehmen keine Kultur aneignen - das Unternehmen *ist* vielmehr eine Kultur, und das Unternehmensgeschehen wird als "kulturelle Wirklichkeit", als Gesamtheit kultureller Phänomene interpretiert.

Konstituiert wird diese Wirklichkeit vor allem durch die Aktivitäten der Mitarbeiter, die hier zugleich Kulturträger und Kulturgestalter sind. Dem liegt die Erkenntnis zugrunde, daß das Unternehmensgeschehen - auch dann, wenn Maschinen zum Einsatz kommen oder weitgehend automatisierte Prozesse ablaufen - letztlich auf menschlichen Tätigkeiten beruht, die sich grob in die zwei Gruppen

- *Verhalten* (= nicht oder nicht mehr hinterfragte oder bewußt gestaltete Aktivitäten, z.B. Umgangsformen) und

- *Handeln* (= Entscheidungen und deren Ausführung)

einteilen lassen. Während die unter dem Begriff "Unternehmenskultur" subsumierten Werte und Normen in dem *Verhalten* der Mitarbeiter unmittelbar zum Ausdruck kommen[11] (z.B. in betont freundlichen Umgangsformen, in der Art und Weise, wie Besucher empfangen und Telefonate entgegengenommen werden), erfolgt die "kulturelle" Prägung der zweiten Gruppe von Aktivitäten, der *Handlungen*, erst über den Umweg einer *Beeinflussung der Entscheidungsgrundlagen.*

Die im Unternehmen "herrschende" Kultur wirkt sich hier z.b. darauf aus, wie die entscheidungsrelevante Umwelt wahrgenommen wird, welche Aktivitäten in Betracht gezogen und wie die von den einzelnen Alternativen erbrachten Ergebnisse bewertet werden. Die Unternehmenskultur beeinflußt also sowohl die Perzeptionen als auch die Präferenzen der Entscheidungsträger und erst über diesen "Umweg" ihre Handlungen (vgl. z.B. Bleicher, 1988, S. 98; Schreyögg, 1989, S. 100 ff.). Hierzu ein kleines Beispiel:

Die Unternehmen A, B und C, so sei angenommen, stehen jeweils vor der Frage, welches der beiden Produktionsverfahren P_1 oder P_2 angeschafft und zum Einsatz kommen soll. Die mit jeder Alternative verbundenen Ergebnisse sind in Tabelle 2 zusammengestellt.

alternative Produktions- verfahren	Ergebnisse	
	Gewinn (in Geldeinheiten)	Schadstoffemission (in "Meßeinheiten")
P_1	100	200
P_2	250	1000

Tab. 2:   Entscheidungsmatrix (Beispiel)

Der gesetzlich vorgeschriebene Grenzwert für die Schadstoffemission liegt bei 1000, der von den Umweltschutzverbänden geforderte Grenzwert dagegen bei 150 Meßeinheiten. Unternehmen A, das es sich - wie auch aus den Unternehmensgrundsätzen zu entnehmen ist - zum Prinzip gemacht hat, selbst den "strengen" Umwelt-schutzanforderungen zu entsprechen, wählt keines der beiden Verfahren und wartet, bis ein noch umweltfreundlicheres Verfahren als P_1 erhältlich ist, oder verzichtet endgültig auf eine Produktion in diesem Zweig.

Anders Unternehmen B und C: Hier stehen die betrachteten Alternativen nicht im Konflikt mit den Unternehmensgrundsätzen. Die anstehende Entscheidung möge in beiden Unternehmen anhand der folgenden Nutzenfunktion u gefällt werden:

$$u = w_1 \cdot \text{Gewinn} - w_2 \cdot \text{Schadstoffemission} \rightarrow \text{max}$$

Während Unternehmen B die Ergebnisse mit den Parametern $w_1 = 1$ und $w_2 = 0,1$ gewichtet und sich dementsprechend für Verfahren P_2 entscheidet, realisiert Unternehmen C, das die Umwelteinwirkungen stärker gewichtet als B (Faktoren: $w_1 = 1$, $w_2 = 0,2$), das Verfahren P_1. Unterschiedliche Grundannahmen und Wert-vorstellungen (als Bestandteile der Unternehmenskultur) können also, unter sonst gleichen Bedingungen, zu völlig unterschiedlichen Entscheidungsergebnissen und Handlungen führen, die - gemeinsam mit den ebenfalls kulturgeprägten Verhaltensweisen der Mitarbeiter - das Unternehmensgeschehen in eine jeweils andere Richtung lenken.

Daneben kann aber auch die Wahrnehmung der Entscheidungssituation selbst, wie sie letztlich in der Entscheidungsmatrix zum Ausdruck kommt, durch die Kultur geprägt sein. Dies ist gerade für die strategische Planung von großer Bedeutung, bei der - wie erwähnt - die Problem*strukturierung* im Vordergrund steht (siehe auch Abschnitt 4.2).

In der Literatur ist wiederholt darauf hingewiesen worden, daß sich die einer Unternehmenskultur zugrundeliegenden Annahmen, Werte und Normen nicht nur in aktiven, sondern auch in passiven Ausdruckformen ("*Artefakten*") mitteilen, z.B. in Architektur, Bekleidung, Bürogestaltung, Fuhrpark, Dokumenten usw., die die "unsichtbaren" und z.T. auch unbewußten Annahmen und Wertvorstellungen auf eine sichtbare Ebene - die der Symbole und Zeichen - heben (vgl. dazu im einzelnen bei Morgan/ Frost/ Pondy, 1983, S. 3 ff.; Schein, 1984, S. 4; Schein, 1985, S. 14 f.).

Am bekanntesten ist das hierarchische Modell von Schein, der hier *drei Kultur-ebenen* unterscheidet: Die unsichtbaren und z.T. unbewußten Basisannahmen auf der untersten Ebene, die unternehmensbezogenen Werte als stärker erkennbare und bewußte Ebene und "Artefakte und Schöpfungen" als sichtbarste, aber auch stark interpretierungsbedürftige Ebene der Unternehmenskultur (vgl. Schein, 1985, S. 14).

Solche Artefakte können jedoch wieder als Ergebnisse bestimmter Entscheidungen und Handlungen interpretiert werden und stehen zu der These vom *Primat des menschlichen Handelns* bei der Verwirklichung des (kulturellen) Unternehmensgeschehens nicht im Widerspruch. Das schmälert allerdings nicht die Bedeutung, die den passiven Ausdrucksformen bei der Vermittlung der Unternehmenskultur zukommt: Gerade sie haben, aufgrund ihrer Symbolwirkung, einen nicht unerheblichen Anteil daran, daß man "... meist schon nach wenigen Minuten spürt, welcher Geist in einer Firma herrscht" (Simon, 1990, S. 2). Abbildung 9 faßt die genannten Aspekte noch einmal zusammen.

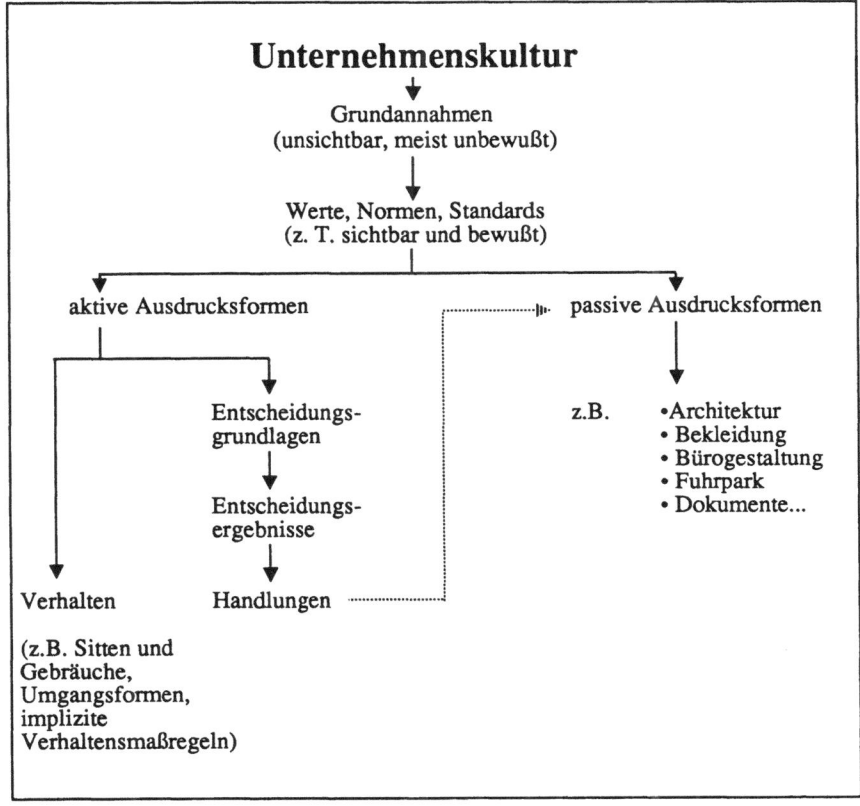

Abb. 9:   Ausdrucksformen der Unternehmenskultur

Zum interpretativen Ansatz sind letztlich auch solche Arbeiten zu zählen, die Analogien zwischen Unternehmen und bestimmten "vormodernen" oder archaischen Gesellschaftsstrukturen herzustellen bemüht sind (vgl. z.B. Jönsson/ Lundin, 1977, S. 157 ff.). Es wird argumentiert, daß bei der Entstehung und Ausgestaltung einer Unternehmenskultur auch unternehmensspezifische *"Riten, "Rituale" und Zeremonien*, z.B. Beförderungen, offizielle Anerkennungen besonderer Leistungen, Weihnachts- oder Gründungsfeiern, sowie *Geschichten, Legenden und "Mythen"*, z.B. über den Firmengründer oder einen schon legendären Verkaufsprofi, eine gewisse Rolle spielen. Ob solche Analogien, die sich auf historische Gesellschaftsformen (z.B. Clans) oder mythisch-rituelle Stammeswelten beziehen, zur Erklärung kultureller Phänomene in *modernen* Organisationen Sinnvolles beitragen können, sei dahingestellt (vgl. auch die Kritik bei Ulrich, 1993, Sp. 4358).

Halten wir fest: Die Vertreter des interpretativen Ansatzes sind "... primär an einem besseren *Verständnis* von Organisationen und zusätzlichen Erkenntnissen mithilfe der Kulturmetapher interessiert" (Sackmann, 1990, S. 162). Die Kultur ist hier gleichsam eine "Linse", durch die das Unternehmen "mit neuen Augen" betrachtet und besser verstanden wird; sie dient als nützliche Metapher (oder "root metaphor"), die den Zugang zum Unternehmensgeschehen und dessen Interpretation erleichtert. Maßnahmen zur aktiven Gestaltung oder Beeinflussung der Kultur werden dagegen nicht (oder noch nicht) diskutiert.

Schon hier wird deutlich, daß sich der funktionalistische und der interpretative Ansatz sinnvoll ergänzen können, da ersterer die *Möglichkeiten*, letzterer die *Grenzen eines Kulturmanagements* offenlegt. Auf die Synthese beider Sichtweisen zu einem "kulturbewußten" Management kommen wir am Ende dieser Arbeit zurück, wenn die Beziehungen zwischen Strategie und Kultur geklärt sind. Zunächst ist es zweckmäßig, zwischen "Ist"- und "Soll"-Kultur einer Unternehmung zu unterscheiden.

3.2 Ist- und Soll-Kultur der Unternehmung

3.2.1 Vorbemerkung

Gleichviel, ob eine Unternehmung nun eine Kultur *hat* oder *ist*, sie weist stets ein bestimmtes Werte- und Normensystem auf, das als *Ist-Kultur* bezeichnet werden kann und sich mehr oder weniger von den in anderen Unternehmen geltenden Kulturen unterscheidet. Zu beachten ist, daß die Ist-Kultur eines Unternehmens stets auch von der "Umweltkultur" abhängt und deshalb mit dieser im Zusammenhang gesehen werden muß.

Der Ist-Kultur stehen Vorstellungen der Unternehmensführung gegenüber, welche Ausprägung des kulturellen Geschehens im Sinne der Unternehmensziele wünschenswert wäre. Solche Vorstellungen sind sinnvoll und legitim und sprechen nicht von vornherein für ein technokratisch-verkürztes Verständnis von Unternehmenskultur;[12] sie bilden vielmehr die Argumentationsgrundlage der Unternehmensleitung in dem bereichsübergreifenden Diskurs über das derzeitige und das künftig anzustrebende Werte- und Normensystem.

Hinweise darauf, welche Kulturausprägung das Unternehmen aufweisen "sollte" (wir bezeichnen diese Ausprägung im folgenden als *Soll-Kultur*), liegen nicht immer auf der Hand; die Konzipierung der Soll-Kultur ist Strukturierungsarbeit. Ausgangspunkt ist zumeist die Erkenntnis, daß den "neuen Umfeldbedingungen nicht mehr mit den gegebenen Wahrnehmungen, Werten und Verhaltensweisen ... erfolgreich begegnet werden kann" (Dierkes, 1988, S. 571), wobei auch dieser Erkenntnisprozeß selbst in bestimmter Weise "kulturgeprägt" ist. Oft verhält es sich so, daß sich das Bild von der Soll-Kultur erst während der Strategieformulierung herauskristallisiert oder im Zuge dieses Prozesses an Konturschärfe gewinnt.

Die Frage, welche Kulturen zu welchen Strategieoptionen "passen", ist aus wissenschaftlicher Sicht noch nicht befriedigend beantwortet worden. Wir kommen im Abschnitt 4.1 auf diese Problematik zurück.

Halten wir zunächst fest: Für gewöhnlich stimmen Soll- und Ist-Kultur, die strategisch wünschenswerte und die tatsächlich existierende Kultur einer Unternehmung nicht voll überein. Diese Inkongruenz ist der Ausgangspunkt für jede Form von betrieblicher Kulturpolitik. Den ersten Schritt bildet dabei die Diagnose der Ist-Kultur.

3.2.2 Diagnose der Ist-Kultur

Eine Unternehmenskultur ist "selbstverständlich" und wird in der Regel nicht reflektiert. Sie muß deshalb zunächst einmal bewußt gemacht werden. Es geht darum, ein zutreffendes Bild von den derzeit im Unternehmen "verbreiteten" Basisannahmen, Werten und Normen zu gewinnen. Die besondere *Problematik* einer solchen Diagnose liegt in zwei Punkten begründet:

- Erstens genügt es nicht, allein die sichtbaren Ausprägungen der Unternehmenskultur zu erfassen, denn "... die gleichen äußeren Manifestationen können in unterschiedlichen Kulturen durchaus verschiedene Bedeutung haben" (Osterloh, 1989, S. 155). Die "richtige" Interpretation solcher Manifestationen setzt also die Kenntnis der zugrundeliegenden Kultur bereits voraus. Aus diesem Grund muß die Kulturanalyse - analog zum Mehrebenenansatz von Schein (siehe Abbildung 9 dieser Arbeit) - bei den *Basisannahmen* ansetzen, die sich jedoch einer unmittelbaren Anschauung entziehen. Dies führt zu dem zweiten Problem:

- Denn die Basisannahmen können nicht (allein) mit Hilfe standardisierter Befragungstechniken ermittelt werden, da diese nur "... Werte und Einstellungen zutage fördern, die der Forscher prinzipiell schon kennt" (Osterloh, 1989, S. 156).

Deshalb wird empfohlen, zunächst mit "narrativen Interviews" zu beginnen, in denen die Gesprächspartner aus dem Unternehmen aufgefordert werden, erlebte Begebenheiten möglichst unbeeinflußt ("wie ihnen der Schnabel gewachsen ist") zu erzählen. Erst auf Basis solcher Interviews empfiehlt es sich, einen standardisierten Fragebogen zu entwickeln, der auf die besondere Situation des Unternehmens zugeschnitten ist. Abbildung 10 zeigt Ausschnitte aus einem solchen Fragebogen, der als Grundlage für eine schriftliche Befragung konzipiert wurde.

Die im Rahmen der Befragung gewonnenen Erkenntnisse sind schließlich noch durch weitere Analysen - z.B. durch eine Dokumentenanalyse, Firmenrundgänge und Sitzungsbeobachtungen - zu ergänzen (vgl. im einzelnen bei Kobi/ Wüthrich, 1986, S. 75 ff.; Wilkins, 1983, S. 24 ff.). Es wird empfohlen, das gewonnene Material in *gemeinsamer Aktion* von Analysierenden (z.B. Beratern) und Analysierten (Mitarbeitern des Unternehmens) auszuwerten, um zu den eigentlichen Basisannahmen vorzudringen und nicht bei der bloßen Wahrnehmung von "kulturspezifischen Oberflächenphänomenen" stehenzubleiben.

Fragebogen zur Unternehmenskultur

1. Nehmen Sie bitte zu den folgenden Aussagen über die Firma _____ Stellung.
   Kreuzen Sie dazu pro Zeile nur ein Kästchen an.

	stimmt völlig	stimmt weit- gehend	stimmt eher	unent- schie- den	stimmt eher nicht	stimmt weitge- hend nicht	stimmt über- haupt nicht
	7	6	5	4	3	2	1
Wir legen Wert auf qualitätitv hervorragende Produkte/Dienstleistungen.	☐	☐	☐	☐	☐	☐	☐
In unserer Firma wird von den Mitarbeitern viel gefordert.	☐	☐	☐	☐	☐	☐	☐
Jeder weiß, was er zu tun hat. Die Kompetenzen sind klar definiert.	☐	☐	☐	☐	☐	☐	☐
Unsere Firma ist sehr erfolgreich.	☐	☐	☐	☐	☐	☐	☐
Bei uns wird ein angenehmer Führungsstil gepflegt.	☐	☐	☐	☐	☐	☐	☐
Die Mitarbeiter sind bereit, falls nötig, Überstunden zu leisten.	☐	☐	☐	☐	☐	☐	☐
Reklamationen von Kunden werden bei uns sehr ernst genommen.	☐	☐	☐	☐	☐	☐	☐
Bei uns wird alles unternommen, um die Kosten niedrig zu halten.	☐	☐	☐	☐	☐	☐	☐
Eine zuvorkommende Kundenbetreuung ist bei uns eine Selbstverständlichkeit.	☐	☐	☐	☐	☐	☐	☐
Über betriebliche Aktivitäten und Entscheidungen werden wir laufend umfassend orientiert.	☐	☐	☐	☐	☐	☐	☐
Die richtigen Leute werden befördert.	☐	☐	☐	☐	☐	☐	☐
In unserer Firma sind "Fehler" gestattet, wenn man etwas Neues ausprobiert.	☐	☐	☐	☐	☐	☐	☐
In unserem Unternehmen hat man Vertrauen in die Mitarbeiter.	☐	☐	☐	☐	☐	☐	☐
Bei uns feiert man auch Geschäftsanlässe/Feste.	☐	☐	☐	☐	☐	☐	☐
Unsere Firma ist dynamisch.	☐	☐	☐	☐	☐	☐	☐
Kollegialität wird auch außerhalb der Geschäftszeit gepflegt.	☐	☐	☐	☐	☐	☐	☐
Die meisten Mitarbeiter sind technisch/fachlich gut ausgebildet.	☐	☐	☐	☐	☐	☐	☐
Bei der Lösung von Problemen versetzen wir und in die Lage unserer Kunden.	☐	☐	☐	☐	☐	☐	☐
Bei uns wird zügig gehandelt, nicht bürokratisch vorgegangen.	☐	☐	☐	☐	☐	☐	☐
Bei uns wird auch Bewährtes immer wieder in Frage gestellt.	☐	☐	☐	☐	☐	☐	☐

4. Welches sind **Ihrer Meinung** nach die drei größten **Stärken** Ihrer Firma?

_____

5. Welches sind die drei größten **Schwächen**?

_____

6. Wie beurteilen Sie die interne Zusammenarbeit?

	hervor- ragend	sehr gut	gut	befrie- digend	weniger befrie- digend	unbefrie- digend	absolut unbefrie- digend
	7	6	5	4	3	2	1
- innerhalb der Abteilung	☐	☐	☐	☐	☐	☐	☐
- zwischen Vorgesetzten und Mitarbeitern	☐	☐	☐	☐	☐	☐	☐
- zwischen den Mitarbeitern	☐	☐	☐	☐	☐	☐	☐
- zwischen Abteilungen	☐	☐	☐	☐	☐	☐	☐

7. Auf welche Weise erfahren Sie die **wichtigsten** Entscheidungen in Ihrem Unternehmen (mehrere Nennungen möglich)?

☐ persönliche Mitteilung durch Vorgesetzte
☐ schriftliche Mitteilung duch Vorgesetzte
☐ persönliche Mitteilung durch Kollegen
☐ Sitzungen/Informationsveranstaltungen
☐ Betriebsversammlung/Information des Betriebsrats
☐ schriftliche interne Mitteilungen/Mitteilungen am Anschlagbrett/Hauszeitung
☐ "Latrinenweg", Gerüchte
☐ von außen (Zeitungen, andere externe Medien)
☐ andere Quellen _____
☐ überhaupt nicht

Wann erhalten Sie diese Informationen?
☐ meist sofort/fühzeitig/rechtzeitig
☐ meist im nachhinein/ zu spät

Wie erhalten Sie diese Informationen?
☐ offen/ausführlich
☐ stark gefiltert/zusammengefaßt/unklar

8. Worauf muß ein Mitarbeiter/eine Mitarbeiterin achten, um bei einem Vorgesetzten Anerkennung/Förderung zu finden?

_____

10. Versuchen Sie nun den typischen Mitarbeiter Ihres Unternehmens zu charakterisieren. Welche **5 Elgenschaften** beschreiben ihn am besten?

☐ gesellig   ☐ flexibel
☐ kompetent   ☐ kritisch
☐ dynamisch   ☐ intelligent
☐ gewissenhaft   ☐ modern
☐ resigniert   ☐ selbstbewußt
☐ hilfreich   ☐ ehrgeizig
☐ ehrlich   ☐ angepaßt
☐ interessiert   ☐ aggressiv
☐ fleißig   ☐ kreativ
☐ konservativ   ☐ freundlich

11. Wie sehen Sie Ihren direkten Vorgesetzten im beruflichen Alltag?

	stimmt völlig	stimmt weitgehend	stimmt eher	unentschieden	stimmt eher nicht	stimmt weitgehend nicht	stimmt überhaupt nicht
	7	6	5	4	3	2	1
Er akzeptiert mich.	☐	☐	☐	☐	☐	☐	☐
Er ist für mich da, wenn ich ihn brauche.	☐	☐	☐	☐	☐	☐	☐
Er erkennt meine Leistungen an.	☐	☐	☐	☐	☐	☐	☐
Er informiert mich über Pläne und Entscheidungen.	☐	☐	☐	☐	☐	☐	☐
Er fördert mich fachlich/beruflich.	☐	☐	☐	☐	☐	☐	☐
Er ist sachlich/objektiv.	☐	☐	☐	☐	☐	☐	☐
Er gibt klare Anweisungen.	☐	☐	☐	☐	☐	☐	☐
Er ist ausgeglichen/ruhig.	☐	☐	☐	☐	☐	☐	☐
Er kritisiert aufbauend.	☐	☐	☐	☐	☐	☐	☐
Er kann Konflikte lösen.	☐	☐	☐	☐	☐	☐	☐
Er läßt mich weitgehend selbständig arbeiten.	☐	☐	☐	☐	☐	☐	☐
Er pflegt auch persönliche Kontakte mit mir.	☐	☐	☐	☐	☐	☐	☐
Er fordert immer volle Leistung.	☐	☐	☐	☐	☐	☐	☐
Er führt mindestens einmal jährlich ein Qualifikationsgespräch	☐	☐	☐	☐	☐	☐	☐

12. Als Mitarbeiter/Mitarbeiterin haben Sie bestimmte Erwartungen an Ihre Firma als Arbeitgeber.
Kreuzen Sie bitte an, wie wichtig Ihnen die folgenden Punkte sind.

	entscheidend	sehr wichtig	wichtig	ziemlich wichtig	weniger wichtig	nicht wichtig	überhaupt nicht wichtig
Ich erwarte:	7	6	5	4	3	2	1
Gut ausgebaute Sozialleistungen	☐	☐	☐	☐	☐	☐	☐
Sicheren Arbeitsplatz	☐	☐	☐	☐	☐	☐	☐
Gutes Verhältnis zu den Arbeitskollegen	☐	☐	☐	☐	☐	☐	☐
Gute Zusammenarbeit im Team	☐	☐	☐	☐	☐	☐	☐
Gutes Verhältnis zum Vorgesetzten	☐	☐	☐	☐	☐	☐	☐
Anspruchsvolle Tätigkeit, bei der ich meine Fähigkeiten voll einsetzen kann.	☐	☐	☐	☐	☐	☐	☐
Gute Aus- und Weiterbildungsmöglichkeiten	☐	☐	☐	☐	☐	☐	☐
Guten Verdienst	☐	☐	☐	☐	☐	☐	☐
Angenehme Bedingungen am Arbeitsplatz	☐	☐	☐	☐	☐	☐	☐
Gute Aufstiegsmöglichkeiten	☐	☐	☐	☐	☐	☐	☐
Fortschrittliche Ferienregelung	☐	☐	☐	☐	☐	☐	☐
Gute Arbeitszeitregelung	☐	☐	☐	☐	☐	☐	☐
Gute Möglichkeiten, bei meiner Arbeit Neues zu lernen	☐	☐	☐	☐	☐	☐	☐
Gute und klare organisatorische Regelungen	☐	☐	☐	☐	☐	☐	☐
Gute Mitsprachemöglichkeiten bei Entscheidungen, die meinen Arbeitsplatz betreffen	☐	☐	☐	☐	☐	☐	☐
Gute Namen der Firma in der Öffentlichkeit	☐	☐	☐	☐	☐	☐	☐
Weiteres: _____	☐	☐	☐	☐	☐	☐	☐

13. Was gefällt Ihnen persönlich am besten in Ihrer Firma?

14. Und was gefällt Ihnen am wenigsten?

Abb. 10:   *Fragebogen (schriftliche Befragung) zur Erfassung der Ist-Kultur (in Anlehnung an: Kobi/ Wüthrich, 1986, S. 82 - 84)*

Als Fazit läßt sich festhalten: Es gibt Mittel und Wege, um die Ist-Kultur eines Unternehmens zu erfassen, und zwar sowohl die Artefakte und Symbole als auch die "... jeweils problemadäquaten Referenzrahmen der Wirklichkeitsinterpretation und die gültigen Regeln der sozialen Interaktion" (Ulrich, 1993, Sp. 4357).

In einem *zweiten Schritt* der Kulturdiagnose geht es nun darum, die Unternehmenskultur zu beurteilen. In der Literatur zum Thema "Kulturanalyse" werden dafür im wesentlichen *zwei Bewertungsdimensionen* empfohlen, und zwar:

1. *Art der Kultur*, beurteilt durch Zuordnung der Ist-Kultur eines Unternehmens zu einem von mehreren (anhand bestimmter Kriterien definierten) Kulturtypen, und

2. *Stärke der Kultur* (= Homogenität und Internalisierung, d.h. Verbreitung und Verankerung, der Werte und Normen im Unternehmen).

Zu 1: Art der Kultur

Hinsichtlich der erstgenannten Dimension - *Art der Kultur* - existiert mittlerweile eine ganze Reihe von Kultur-Typologien, die von mehr oder minder vergleichbaren Kriterien ausgehen (vgl. im Überblick bei Steinmann/ Schreyögg, 1991, S. 537 ff.) Populär ist, wohl auch wegen ihrer Anschaulichkeit, die Typologie von *Deal und Kennedy* (dies., 1982, S. 107 ff.; vgl. auch Dill, 1986, S. 537 ff.), die je nach Höhe der eingegangenen Marktrisiken und der Schnelligkeit des Informationsrückflusses "aus dem Markt" die folgenden *vier Kulturtypen* unterscheiden:

Risikobereitschaft	hoch	bet-your-company	tough-guy, macho
	niedrig	process	work hard/ play hard
		langsam	schnell
		Geschwindigkeit des Feedbacks aus dem Markt	

Abb. 11:   *Kulturtypen nach Deal/ Kennedy*
(Quelle: Deal/ Kennedy, 1982, S. 107 ff.)

Ergänzt man diese Typologie noch um weitere Situationsmerkmale, dann lassen sich die hier genannten Kultur-Typen etwa wie folgt beschreiben (vgl. auch Steinmann/ Schreyögg, 1991, S. 539 f.):

- *"Brot und Spiele-Kultur"* (Bet-Your-Company-Culture) mit hohem Risiko, aber einem relativ langsamen Informationsrückfluß; weitere Kennzeichen sind Offenheit gegenüber Umweltveränderungen, Unternehmungsgeist, unkomplizierte Zusammenarbeit in und zwischen den Abteilungen, allgemein freundlicher Umgangston.

- *"Analytische Projektkultur"* (Work-Hard/ Play-Hard-Culture) mit schnellem Informationsrückfluß, aber nur geringer Neigung, Risiken einzugehen; Umweltveränderungen werden hier eher als Bedrohung empfunden und mit Hilfe analytischer Methoden zu antizipieren versucht; im Inneren dominieren eingefahrene Regeln, Besonnenheit, Rationalität, Hierarchiebewußtsein.

- *"Alles oder Nichts-Kultur"* (Tough-Guy/ Macho-Culture) in Unternehmen, die hohes Risiko nicht scheuen und sich um ein schnelles Markt-Feedback bemühen; die Mitarbeiter verstehen sich als Individualisten, was zählt ist der Erfolg; äußerlich bestimmen temporeiches Handeln und unkonventionelle Aufmachung das Bild. Diese Kultur ist z.B. für Werbeagenturen, Unternehmensberatungsgesellschaften und Marketingabteilungen typisch.

- *"Prozeß-Kultur"* (Process-Culture) als Gegenpol zur "Alles oder Nichts-Kultur": geringe Risikoneigung, bürokratisch-langsamer Informationsfluß, Absicherung und Statusdenken sind hier die hervorstechenden Merkmale. Als Beispiele werden Banken, Versicherungsunternehmen und Rechnungswesenabteilungen genannt.

Ein anderer Typologievorschlag orientiert sich an *Systempathologien* und unterscheidet paranoide, zwanghafte, dramatische, depressive und schizoide Unternehmenskulturen (vgl. Kets de Vries/ Miller, 1986, S. 266 ff.; Steinmann/ Schreyögg, 1991, S. 541). Jedoch scheint es übertrieben, gleich von einer Typologie auszugehen, die die eigene Unternehmenskultur gewissermaßen auf die Couch des Psychoanalytikers zwingt. Erfolgversprechender für eine *differenzierte Kulturdiagnose* scheint dagegen folgendes Konzept zu sein: Zunächst werden bestimmte *Beurteilungskriterien* ausgewählt, von denen man annehmen kann, daß sie für eine Beschreibung der eigenen Unternehmenskultur besonders eignen, z.B. die folgenden Kriterien (vgl. Pümpin/ Kobi/ Wüthrich, 1985, S. 26 ff.):

- Kundenorientierung,
- Innovationsorientierung,
- Mitarbeiterorientierung und
- Leistungsorientierung.

Etwas differenzierter ist dagegen die folgende Auflistung kulturtypischer Merkmale (vgl. Bleicher, 1991, S. 748):

offen/ umweltorientiert	↔	geschlossen/ binnenorientiert
änderungsfreundlich	↔	änderungsfeindlich
basisorientiert	↔	spitzenorientiert
viele Subkulturen	↔	Einheitskultur
entwicklungsorientiert	↔	instrumentell orientiert
nutzenorientiert	↔	kostenorientiert
Mitglieder als Akteure	↔	... als Mitarbeiter
Individualität	↔	kollektive Kultur

Anschließend ist das Unternehmen hinsichtlich der gewählten Kriterien zu beurteilen. Die Ist-Kultur eines Unternehmens läßt sich dann mit Hilfe eines Polaritätsprofils veranschaulichen, wie es beispielhaft in Abbildung 12 dargestellt ist. Dabei markiert die durchgezogene Linie das Profil der Ist-Kultur, die gestrichelte Linie das Profil der (strategiekonformen) Soll-Kultur und die schraffierten Flächen den im Sinne der Zielerreichung notwendigen Anpassungsbedarf.

Erwähnenswert ist in diesem Zusammenhang, daß Meffert et al. am Ende einer *empirischen Untersuchung* (nach Durchführung mehrerer Clusteranalysen) wiederum zu *vier unterscheidbaren Kulturtypen* gelangen, und zwar (vgl. Meffert/ Hafner/ Poggenpohl, 1990, S. 47 ff.):

- *kulturignorante Unternehmen* (besondere kulturelle Ausprägungen sind hier nicht feststellbar),

- *leistungsorientierte Kostenminimierer* (meist ältere, zentralistisch geführte Klein- und Mittelunternehmen mit hoher Kosten- und Leistungsorientierung),

- *kostenorientierte Innovatoren* (zentral geführte, imagebetonte und häufig auch technologieorientierte Unternehmen für Güter des gehobenen Bedarfs, z.B. Automobile und Unterhaltungselektronik) und

● *Unternehmen mit betont wettbewerbsorientierter Kultur* (typisch sind hier Großunternehmen mit stark ausgeprägter Kultur, z.B. Unternehmen im Finanzdienstleistungssektor).

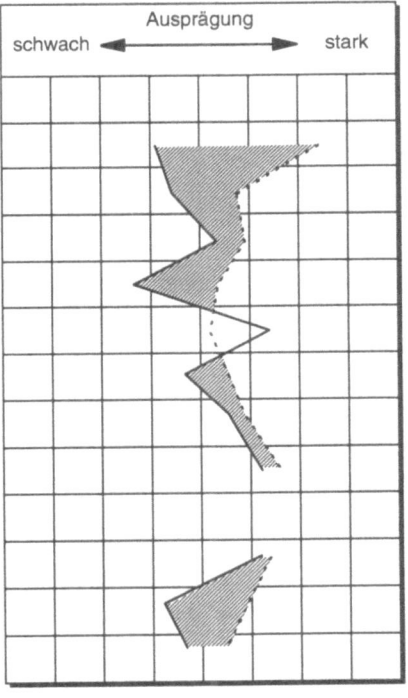

schwach ◄——— Ausprägung ———► stark

1. **Grundorientierung**

    Kundenorientierung

    Mitarbeiterorientierung

    Resultats- und
    Leistungsorientierung

    Innovationsorientierung

    Kostenorientierung

    Kommunikations-
    orientierung

    Unternehmensorientierung

    Technologieorientierung

2. **Konsistenz**

    Gemeinsame Normen

    Subkulturen

3. **Veränderungsbereitschaft**

——————— heutiges UK-Profil

- - - - - - - - strategiekonformes UK-Profil

Abb. 12:   Kulturprofile der Ist- und Soll-Kultur (Beispiel)
(Quelle: Kobi/ Wüthrich, 1986, S. 147)

In den weiteren Ausführungen werden wir uns im wesentlichen auf die Systematik von Deal/ Kennedy beziehen bzw. dort, wo es ausreicht, mit den beiden folgenden "reduzierten" Kulturtypen arbeiten:

- die *introvertiert-effizienzorientierte Kultur*: Unternehmen, die betont kosten-orientiert sind, viel analysieren, vorrangig an der Regelung und Optimierung der internen Abläufe arbeiten, hierarchisch strukturiert sind, Umweltveränderungen primär als Störung oder Bedrohung interpretieren, also insgesamt eine eher konservative Grundhaltung zeigen;

- die *extrovertiert-wettbewerbsorientierte Kultur*: Unternehmen, die Umweltver-änderungen gegenüber offen sind und diese als Chance begreifen, ihre Maß-nahmen auf Kundenwünsche und Wettbewerber ausrichten, Kunden und Lieferanten als "Partner" ansehen, bewußt innovationsorientiert sind, gern "Neues" ausprobieren und im Inneren ein zwanglos-kommunikatives, vom Teamgeist geprägtes Bild zeigen.

Welche Typologie auch immer verwendet wird, festzuhalten bleibt, daß es auf dem einen oder anderen Wege möglich ist, die "Art" der im Unternehmen verbreiteten Ist-Kultur festzustellen.

Zu 2: Stärke der Kultur

Die zweite Dimension der Unternehmenskultur, die *Stärke*, bemißt sich nach

- der Prägnanz,
- dem Verbreitungsgrad und
- der Verankerungstiefe

der Orientierungsmuster und Werthaltungen im Unternehmen (vgl. Steinmann/ Schreyögg, 1991, S. 542 f.). Für eine "starke" Unternehmenskultur ist es demzufolge kennzeichnend, daß

- die Werte und Normen (einschließlich ihrer sichtbaren Ausdrucksformen) so klar, konsistent und umfassend sind, daß sie in möglichst *vielen Situationen* als Orientierungsmuster dienen können.

- sie von *vielen (im Extremfall allen) Mitarbeitern* als Orientierungsmuster und Wertmaßstab angenommen wird. Eine Unternehmenskultur ist also um so stär-ker, je weiter sich die im Unternehmen beobachtbaren Subkulturen in Richtung auf eine festgefügte Einheitskultur verdichtet haben. Dies impliziert zugleich eine große Homogenität der im Unternehmen verbreiteten Werte und Normen.

● die kulturellen Denk- und Verhaltensmuster von den Mitarbeitern *dauerhaft und tief internalisiert* und nicht nur flüchtig als "... bloßes Ergebnis einer kalkulierten Anpassung" (Steinmann/ Schreyögg, 1991, S. 543) übernommen werden.

Gerade *starke* Unternehmenskulturen wirken sich, wie Untersuchungen zeigen, positiv auf die Motivation der Mitarbeiter aus und fördern die Koordination und Integration ihrer Entscheidungen und Handlungen, was nicht nur den Aufwand für eine formelle Abstimmung (Organisations-, Führungs- und Kontrollaufwand) verringert, sondern auch das Abstimmungsergebnis selbst verbessert. Im einzelnen lassen sich folgende *positive Effekte* von starken Unternehmenskulturen feststellen (vgl. Schreyögg, 1989, S. 97 ff.):

● *Handlungsorientierung*: Starke Kulturen vermitteln ein klar abgegrenztes Weltbild und schaffen so eine eindeutige Orientierung für tägliche Entscheidungen und Handlungen - gerade dort, wo formale Regeln nicht greifen.

● *Reibungslose Kommunikation*: Dank der homogenen Orientierungsmuster gestalten sich die Abstimmungsprozesse im Unternehmen einfacher und direkter als bei ausschließlich "formaler" Kommunikation. Man spricht - auch ohne daß es jemand angeordnet hätte - eine "gemeinsame Sprache".

● *Schnelle Entscheidungsfindung*: Einheitliche Präferenzvorstellungen und die "gemeinsame Sprache" erleichtern und beschleunigen multipersonelle Entscheidungs- und Problemlösungsprozesse.

● *Zügige Information*: Pläne und Entscheidungen können sich bei starker Unternehmenskultur auf breite Akzeptanz stützen, was eine schnelle und wirkungsvolle Umsetzung sichert.

● *Hohe Motivation und Teamgeist*: Kennzeichnend für starke Unternehmenskulturen ist auch die hohe Bereitschaft der Mitarbeiter, sich für andere und das Unternehmen insgesamt zu engagieren.

● *Stabilität und Zuverlässigkeit*: Die stark ausgeprägten und von allen geteilten Orientierungsmuster reduzieren Angst und Unsicherheit und vermitteln ein "Gemeinsamkeitsgefühl". Fluktuation und Fehlzeiten sind deshalb niedriger als in anderen Unternehmen.

Gerade starke Unternehmenskulturen schaffen ein gemeinsames Bezugssystem, filtern Wahrnehmungen, erleichtern Interpretationen, erzeugen Verständnis, reduzieren Komplexität und lenken und legitimieren Handlungen. Schon aus diesen Gründen ist die Feststellung berechtigt, daß eine starke Unternehmenskultur zweckrational und "für den Erfolg der Betriebswirtschaft von zentraler Bedeutung ist" (Heinen, 1986, S. 516), da sie ein *effizientes und beständiges Funktionieren* des 'Systems Unternehmung' zur Folge hat.

Diese Aussage bedarf jedoch einer wichtigen *Einschränkung*: Im Fall eines notwendig gewordenen strategischen Wandels kehren sich die genannten "Vorzüge" einer starken Kultur oft in ihr Gegenteil; denn eine starke Kultur

- zeigt eine *Tendenz zur Abschließung*, so daß schwache Signale und noch unscharfe Hinweise auf neue Chancen oder drohende Risiken nicht oder zu spät wahrgenommen werden; Unternehmen mit starker Kultur tendierer eher als andere zum "geschlossenen System" - mit allen Nachteilen, die damit für ein im Wettbewerb stehendes Unternehmen verbunden sind.

- leistet *Widerstand gegen Veränderungen*, da Vorschläge und Pläne, die nicht in das derzeit verbreitete Weltbild passen, entweder nicht registriert oder blockiert werden.

Während Kulturstärke unter statischen Bedingungen bzw. auf kurze Sicht durchaus empfehlenswert erscheint, stellt sie unter dynamischen Bedingungen und auf lange Sicht ein Problem dar. Starke Kulturen sind *Flexibilitätsblockaden*. Besonders deutlich wird dies, wenn man sich den Einfluß einer starken Kultur auf die *Entscheidungen* im Unternehmen vor Augen hält (vgl. auch Schreyögg, 1989, S. 102 ff.), denn sie

- begünstigt das *Denken in Stereotypen*, so daß neuartige Probleme aus traditioneller Sicht gesehen und interpretiert und deshalb in "bekannte" Probleme umformuliert werden.

- *behindert das Denken in Alternativen*, da innovative Antworten und neue Wege als Nonkonformismus abgelehnt, als Verletzung des gängigen Weltbildes sanktioniert werden. Starke Kulturen neigen dazu, auf die Probleme von "morgen" mit den Lösungen von "gestern" zu antworten und die kreative Suche nach innovativen Problemlösungen zu behindern. Starke Kulturen (und ihre Protagonisten) fixieren das Unternehmen auf die Erfolgsrezepte der Vergangenheit.

● *verzerrt die Bewertung der Alternativen,* da diese vor dem Hintergrund eines "schiefen", möglicherweise schon erstarrten Weltbildes erfolgt. Im Extremfall wird überhaupt nicht mehr zwischen den objektiven Handlungsfolgen einer Alternative und den ihr zugeordneten Werten unterschieden - bestimmte Alternativen werden von geradezu mythischen Wertvorstellungen getragen, die Außenstehenden nicht mehr zugänglich sind. Die Organisationsmitglieder unterscheiden dann nicht mehr "... zwischen dem normativ Gewollten und dem faktisch Vorfindbaren" (Schreyögg, 1989, S. 104).

● *behindert die Umsetzung* - auf diesen Punkt kommen wir noch zurück - und *ignoriert Feedback-Informationen,* die auf die Notwendigkeit einer Kurskorrektur aufmerksam machen, weil sie an den Grundfesten des bisherigen Weltbildes rütteln und das derzeit verbreitete Werte- und Normensystem in Frage stellen.

Unternehmen mit starken Kulturen mangelt es häufig an Offenheit in der Wahrnehmung von Veränderungen und dem Maß an kritischer Selbstreflexion, das notwendig ist, um sich unter dynamischen Wettbewerbsbedingungen zu behaupten. Wettbewerbsorientierte Grundhaltungen und Werte, die sich in *innovationsfreudigem Handeln* äußern (z.B. Freude am Experimentieren, am Ausprobieren neuer Wege, Freude am Widerspruch, Abneigung von Konformismus), scheinen für Unternehmen mit starken Kulturen nicht gerade typisch zu sein: Effiziente Homogenität (starke Kultur) und kreative Heterogenität (Innovationsorientierung) lassen sich kaum miteinander vereinbaren.

Um sich im Wettbewerb behaupten zu können, ist es daher wichtig, "... von vornherein darauf zu achten, daß sich die Kultur nicht zu sehr verfestigt, daß sie nicht zu stark wird, um von vornherein ein flexibles Wertgefüge, eine offenere Orientierung zu haben" (Steinmann/ Schreyögg, 1991, S. 198). Dies mag kurzfristig mit Zieleinbußen verbunden sein, da man in gewisser Hinsicht ja auf die Steuerungseffizienz gut eingespielter Kulturen verzichtet. In langfristiger Perspektive ist diese Zielbuße aber eine sinnvolle Investition in die *strategische Flexibilität* des Unternehmens - in seine Fähigkeit, innovativ zu sein und das Produkt- und Leistungsprogramm bedarfsgerecht verändern zu können (vgl. dazu auch Jacob, 1989, S. 57 ff.).

Wie kann man verhindern, daß eine Kultur zu stark (zu starr) wird? Grundlegend scheint die Tolerierung, ja sogar "Pflege" von *Sub- oder Gegenkulturen* zu sein, die für das Unternehmen - nicht zuletzt wegen der innovationsfördernden Dynamik, die von ihnen ausgeht - für das Unternehmen durchaus nützlich, manchmal sogar überlebens-wichtig sind (vgl. z.B. Martin/ Siehl, 1983, S. 52 ff.; Brüggemeier, 1992). Gerade weil hier nicht alle "an einem Strang ziehen", wird das Unternehmen mit seinen Aktivitäten ständig aus den eigenen Reihen reflektiert - ein Prozeß, der im Ergebnis auf notwen-dige Korrekturen hinweisen kann, bevor es die Konkurrenz tut.

"Gegenkulturen" leisten so also einen Beitrag zu der für die Evolution des Unter-nehmen so wichtigen "schöpferischen Zerstörung" des einmal erreichten Gleichge-wichts, indem sie immer wieder neue Impulse für notwendige Veränderungen (sowohl in der Strategieumsetzung als auch in der Strategie selbst) geben. So wurde, um ein Beispiel zu nennen, bei IBM der Aufbau des Geschäftsfelds 'Personal Computer' von einem Team mit innovationsorientierter "Alles oder Nichts-Kultur" geleitet, das sich in diesem Punkt ganz bewußt von der vorherrschenden Unternehmenskultur unterschied.

Wichtig ist, daß es gelingt, die mit einer "multikulturellen Schichtung" des Unter-nehmens zwangsläufig verbundenen Konflikte zu kanalisieren und produktiv umzuset-zen. Vollständige Homogenität der unternehmensspezifischen Grundannahmen, Werte und Normen ist also in vielen Fällen weder machbar noch überhaupt erstrebenswert: Es kommt auf die optimale, nicht unbedingt auf maximale Kulturstärke an.

Fassen wir zusammen: Kern der Kulturdiagnose ist die Beurteilung der existieren-den Unternehmenskultur hinsichtlich ihrer *Art und Stärke*. Erst im Fall einer deutli-chen Abweichung von der Soll-Kultur sind weitere Überlegungen notwendig.

3.2.3 Abweichungen von der Soll-Kultur

Zunächst wollen wir davon ausgehen, daß eine vom "Soll" abweichende Ist-Kultur dysfunktional und zielinadäquat ist, da sie ihren Funktionen - Motivation, Koordina-tion und Integration - nicht (oder nicht mehr) in dem für die Zielerreichung wün-schenswerten Maß gerecht wird. Als Konsequenz erhebt sich die Frage, ob und wie diese "Verkrustung tradierter Denkstrukturen" (Kieser, 1994, S. 214) aufgebrochen und wie die Ist-Kultur so beeinflußt werden kann, daß sie der Erreichung der Unter-nehmensziele dient. Unter der Prämisse, daß es sich dabei um einen akzeptierten Ziel-kompromiß handelt, kommt eine solche Veränderung letztlich allen am Unterneh-mensgeschehen Beteiligten zugute.[13]

Wie schon erwähnt, nimmt die Unternehmenskultur eine Mittelstellung zwischen Erwartungs- und Handlungsparameter ein. Einerseits kann mit Recht gesagt werden,

"... daß die Unternehmenskultur keine Instrumentalvariable der Unternehmensführung darstellt" (Heinen, 1986, S. 517), andererseits ist sie nicht völlig unbeeinflußbar - auch wenn es sich bei solchen Einflußnahmen, wie Praxiserfahrungen zeigen, um einen langandauernden Prozeß mit letztlich begrenzter Wirkung handelt.

Bei der *Initiierung eines kulturellen Wandels* kommt der Unternehmensleitung eine besondere Bedeutung - und Verantwortung - zu. Denn die eine Unternehmenskultur konstituierenden Grundeinstellungen und Werte lassen sich nicht "per Dekret" anordnen und sollten, so die Grundsätze der Diskursethik, auch nicht auf diese Weise durchgesetzt, sondern allenfalls *propagiert und vorgelebt* werden. Dies kann sowohl mit Hilfe von Dingen geschehen (siehe auch die "passiven" Ausdrucksformen in Abbildung 9) als auch mit Worten und Taten - letztere sind in diesem Media-Mix oft am wirkungsvollsten ("Actions speak louder than words"). Denn Mitarbeiter lernen neue Verhaltensstandards und Regeln gewöhnlich "... nur zu einem geringen Teil aus schriftlichen Unterlagen, sondern vor allem in Interaktionen mit anderen, durch Beobachtung anderer und durch Informationen anderer" (Kieser, 1994, S. 222).

Kulturbeeinflussende Maßnahmen lassen sich grundsätzlich in *drei Maßnahmengruppen* unterteilen, und zwar:

- Gestaltung oder Veränderung von Dingen;

- Beeinflussung des Verhaltens/ Handelns der im Unternehmen tätigen Mitarbeiter;

- Einstellungen/ Entlassungen.

Aufgrund der Tatsache, daß Maßnahmengruppe 1 nur an der "kulturellen Oberfläche" ansetzt und den Menschen als Kulturträger nicht direkt erreicht, ist ihre Wirkung in der Regel sehr begrenzt. Auch den Maßnahmen der Gruppe 2 sind enge Grenzen gesetzt, allerdings aus ethischen Gründen: Denn die Mitarbeiter im Unternehmen sollten weder zu einem bestimmten Verhalten gezwungen noch in irgendeiner Weise manipuliert werden. Kulturwandel ist nur auf Basis von Einsicht und freiwilliger Zustimmung ethisch gerechtfertigt und auch nur dann auf die Dauer erfolgreich, wenn die Menschen im Unternehmen diesen Prozeß aus Überzeugung unterstützen. Der dritten Maßnahmengruppe kommt bei der Veränderung der Ist-Kultur deshalb eine besondere Bedeutung zu: Denn die Einstellung von Mitarbeitern, die "neue" Denk- und Verhaltensweisen sichtbar vorleben, ist oft direkter und wirkungsvoller als alle anderen Maßnahmen zusammen. Wichtig ist, daß der Personalabteilung die "neuen"

Wertmaßstäbe (d.h. die Grundpfeiler der Soll-Kultur) bekannt und transparent sind, um sie als Kriterien bei der Personalauswahl berücksichtigen zu können.

Im folgenden seien einige konkrete Maßnahmen aufgeführt, die geeignet sind, die bestehende Unternehmenskultur in die aus Sicht der Strategie wünschenswerte Richtung (z.b. weg von einer bürokratisch ausgerichteten und hin zu einer wettbewerbsorientierten Kultur) zu beeinflussen:

- Schaffung neuer Artefakte, z.B. neugestaltete Dokumente, eine veränderte Büroausstattung, ein neuer Firmenslogan;

- kritische Prüfung der derzeit geltenden Werte und Normen und Erarbeitung neuer Orientierungsmaßstäbe und Verhaltensregeln *mit* den Mitarbeitern im Rahmen von Seminaren und Workshops;

- Schaffung der organisatorischen Voraussetzungen für die notwendigen Konsensbildungsprozesse, z.B. indem die innerbetriebliche Arbeitsteilung vermindert oder die Unternehmenshierarchie "verflacht" wird, da sie kommunikative Prozesse behindert;

- Entlassungen (auch in der Führungsspitze) und/oder Anwerbung bzw. Beförderung von Personen mit kulturkonformen Wertvorstellungen;

- Schaffung kulturgerechter Anreiz-, Qualifikations- und Beförderungssysteme im Unternehmen;

- bewußtes Vorleben des neuen Wertesystems durch das Top-Management, vor allem im Umgang mit Konflikten.

Bei diesen und anderen Maßnahmen kommt es neben der unmittelbaren Handlungskonsequenz (z.B. der Entlassung einer "kulturignoranten" Führungskraft oder der Neuberufung eines Vorstandsmitglieds) auch auf ihre *Signalwirkung* und ihre *Symbolträchtigkeit* an. Denn gerade dadurch wird erreicht, daß die Mitarbeiter die neuen Werte und Normen wahrnehmen, diskutieren und im Rahmen von Lern- und Einordnungsprozessen dauerhaft übernehmen.[14]

Halten wir fest: Eine Abweichung von Soll- und Ist-Kultur gibt Anlaß für Maßnahmen, die einen Kulturwandel im Unternehmen einleiten, anregen und begleiten - nicht gegen, sondern gemeinsam mit den darin Beschäftigten, nicht durch Anordnung, sondern in Form eines Lernprozesses, der einen "... aufgeklärten Umgang mit den

Sozialtechniken des Managements" (Ulrich, 1993, Sp. 4362) allerdings nicht aus-
schließt.

Wichtig ist, daß die Unternehmensleitung den schließlich gefundenen Konsens, der
stets mehr oder weniger weit von ihren Soll-Vorstellungen entfernt liegt, akzeptiert,[15]
d.h. den darin liegenden "Eigenwert und Eigensinn" anerkennt, gleichwohl aber nicht
darauf verzichtet, weiter als Moderator des kulturellen Wandels tätig zu sein - ein
Aufgabenkomplex, der nur als *permanente Führungsaufgabe*, als dauernde Anstren-
gung verstanden werden kann. Die Beziehung von Ist- und Soll-Kultur wird in Abbildung 13 noch einmal im Überblick dargestellt.

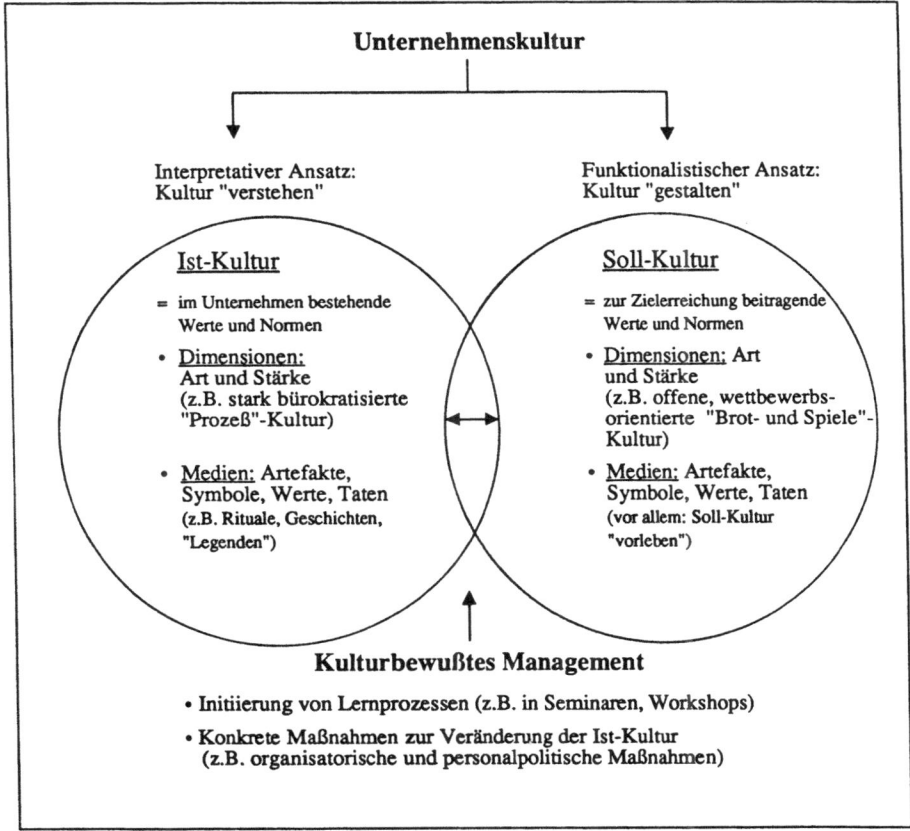

Abb. 13:   Ist- und Soll-Kultur der Unternehmung

Daß eine Übereinstimmung von Ist- und Soll-Kultur - wenn überhaupt - nur langfristig erreicht werden kann, wirkt sich, wie wir im letzten Abschnitt sehen werden, auch auch auf die Strategie aus: Denn die Ist-Kultur repräsentiert in gewisser Hinsicht das "bewahrende" (um nicht zu sagen: konservative) Element des Unternehmensgeschehens, da in ihr die bisher bewährten Handlungsmuster und Problemlösungen gespeichert sind und solche zu Basisannahmen und Handlungsnormen verdichteten Erfahrungen nicht so rasch "über Bord geworfen werden".[16]

Die Langsamkeit des kulturellen Wandels zügelt also von vornherein den Ehrgeiz, allzu große strategische Veränderungen in allzu kurzer Zeit durchsetzen zu wollen. Manche Unternehmen müssen wieder erst wieder "lernen zu vergessen", d.h. bisher erfolgreiche Handlungsmuster, die unter den veränderten Umweltbedingungen nicht mehr zieladäquat sind, bewußt aufzulösen (vgl. Nystrom/ Starbuck, 1984, S. 53 ff.). Auf die Rolle, die in diesem Zusammenhang die strategische und operative Kontrolle spielen, wurde bereits an anderer Stelle hingewiesen (z.B. bei Steinmann/ Gerhard, 1992, S. 172 ff.).

Kehren wir damit zur eingangs gestellten Frage nach den Beziehungen zwischen Strategie als 'hartem' und Kultur als 'weichem' Fundament des Unternehmenserfolgs zurück. Wie schon angedeutet, handelt es sich dabei nicht um ein einseitiges Abhängigkeitsverhältnis der Art *culture follows strategy* oder *strategy follows culture*, sondern um ein Beziehungsgeflecht, eine mehrschichtige Interdependenz.

4. Die Beziehungen zwischen Unternehmensstrategie und Unternehmenskultur

4.1 Die Erfolgsinterdependenz zwischen Strategie und Kultur

4.1.1 Grundüberlegung

Die auf hochaggregiertem Abbildungsniveau formulierte Unternehmensstrategie enthält bekanntlich noch keine konkreten Handlungsvorgaben, sondern Entscheidungsprämissen für die nachfolgenden Detailplanungen. Diese nachgelagerten Planungen und Entscheidungen werden jedoch nicht nur durch die Strategie, sondern auch durch die im Unternehmen geltende Ist-Kultur beeinflußt, was sich z.B. in einer kulturgeprägten Wahrnehmung (Perzeption) des entscheidungsrelevanten Umfeldes einschließlich der zur Wahl stehenden Alternative oder in einer kulturdeterminierten Bewertung (Präferenz) äußert. Strategie und Kultur wirken auf *dieselben* Planungen und Entscheidungen; sie beeinflussen und bedingen sich gegenseitig in ihren Beiträgen zur Zielerreichung und sind deshalb *erfolgsinterdependent*.

Nehmen wir als Beispiel ein Unternehmen, das bisher unter relativ stabilen Umweltbedingungen (stetige Absatzentwicklung, ruhiger Wettbewerb) tätig war und sich in seiner Strategie bislang auf den Ausbau von Produktionskapazitäten in den "traditionellen" Geschäftsfeldern (preisgünstige Massenartikel) und auf kostensenkende Maßnahmen konzentriert hat. Die Ist-Kultur dieses Unternehmens läßt sich als produktions- und effizienzorientiert, ja als "introvertiert" bezeichnen. Nach der Typologie von Deal/Kennedy könnte man von einer "Prozeß"-Kultur sprechen.

Der Wettbewerb auf den angestammten Märkten möge sich jedoch seit kurzem drastisch verschärft und zu Absatzeinbrüchen geführt haben, was von der Unternehmensleitung, die von einem anhaltenden Trend ausgeht, zum Anlaß für folgende strategische Entscheidungen genommen wird: Rückzug aus dem Massengeschäft und Konzentration auf zwei neue, technisch innovative und beratungsintensive Produktfamilien.

Die Art und Weise der Umsetzung dieser strategischen Vorgaben wird nun maßgeblich davon beeinflußt, ob sich auch die Unternehmenskultur an die veränderten Umweltbedingungen anpaßt. Der Strategiewechsel setzt voraus, daß die Menschen im Unternehmen "offener", nach innen und außen kommunikativer und stärker innovations- und wettbewerbsorientiert denken und handeln. Mit der traditionellen, produktions- bzw. effizienzorientierten Denk- und Verhaltensmustern werden die strategischen Vorgaben nicht angemenssen umgesetzt. Erst ein *Wandel der unternehmensspezifischen Werte und Normen* in Richtung auf eine "extrovertierte" Unternehmenskultur (z.b. vom Typ "Brot und Spiele") führt zu den im Sinne der Zielerreichung richtigen Detailentscheidungen und sorgt dafür, daß die Strategie erfolgreich realisiert wird.

Ganz in diesem Sinne rief unlängst der Vorstandssprecher einer deutschen Großbank die Mitarbeiter seines Unternehmens dazu auf, wieder stärker auf den Kunden (insbesondere den Privatkunden) zuzugehen und ihn mehr als bisher in den Mittelpunkt ihrer Bemühungen zu stellen. Damit sollte der Eindruck, die Bank verhalte sich ihren Kunden gegenüber zuweilen "arrogant", entgegengewirkt werden. Der Vorstoß des Vorstandssprechers kann als Versuch gewertet werden, die Ist-Kultur der Bank in eine strategiekonformere Richtung zu lenken - und wohl auch als Versuch, unternehmensinterne Diskussionen über das tägliche Verhalten am Schalter auszulösen.

Gerät ein Unternehmen in eine *Krise*, dann kann sie *strategie- oder kulturbedingt* sein. Im ersten Fall sind strategische Entscheidungen getroffen worden, die sich im nachhinein als "falsch" herausgestellt haben, aber aufgrund der entstandenen Bindungen nicht von heute auf morgen korrigiert werden können. Oft sind hier auch personelle Veränderungen auf oberster Führungsebene notwendig. So war die schon erwähnte Krise bei VW, in die das Unternehmen Ende der 60er Jahre geriet, zum großen Teil strategiebedingt. Manche Unternehmen (so z.B. Nixdorf) überleben eine solche Krise nur im Verbund mit anderen, und sei es auch um den Preis ihrer wirtschaftlichen Selbständigkeit; manchen Unternehmen überleben ihre Strategiekrise nicht (die deutsche Unterhaltungselektronik und der Markt für Fotokameras liefert dafür Beispiele genug).

Im Fall der kulturbedingten Krise operiert das Unternehmen zwar im Prinzip auf den strategisch "richtigen" Geschäftsfeldern, aber die Art und Weise, *wie* die Geschäfte geführt und die Mitarbeiter tätig werden, paßt nicht dazu und wird den Umweltanforderungen (insbesondere den Markt- und Wettbewerbsbedingungen) nicht gerecht. Es wäre interessant, die Krise der gemeinwirtschaftlichen Unternehmen in den 80er Jahren (Neue Heimat, BfG) einmal unter diesem Aspekt zu betrachten. Wichtig ist: Eine kulturbedingte Krise kann nur durch die Forcierung des kulturellen Wandels überwunden werden - was in Krisenzeiten aber gewöhnlich leichter fällt als im "normalen" Geschäftsalltag. Besonders problematisch ist es, wenn eine Krise strategie- *und* kulturbedingt ist. Hier läuft das Unternehmen in der Tat Gefahr, zum Sanierungsfall zu werden.

Es zeigt sich, daß eine Strategie, die grob umreißt, *was* künftig geschehen soll, letztlich nur so gut ist wie die Kultur, die über das *"Wie"* ihrer Umsetzung entscheidet. Andererseits läßt sich die "Erfolgswirksamkeit" der Unternehmenskultur (und der kulturbeeinflussenden Maßnahmen) erst im Zusammenhang mit der Strategie beurteilen, in deren Rahmen die Kultur schließlich wirkt und zur Entfaltung kommt. Im Endeffekt bedingen sich Strategie und Kultur, wie schon in Abbildung 1 dargestellt, in ihren Erfolgswirkungen und müssen - da beide Gestaltungsspielräume aufweisen - aufeinander abgestimmt oder "harmonisiert" werden (siehe dazu Abschnitt 5). Die Erfolgsinterdependenz wird in Abbildung 14 noch einmal graphisch erläutert.

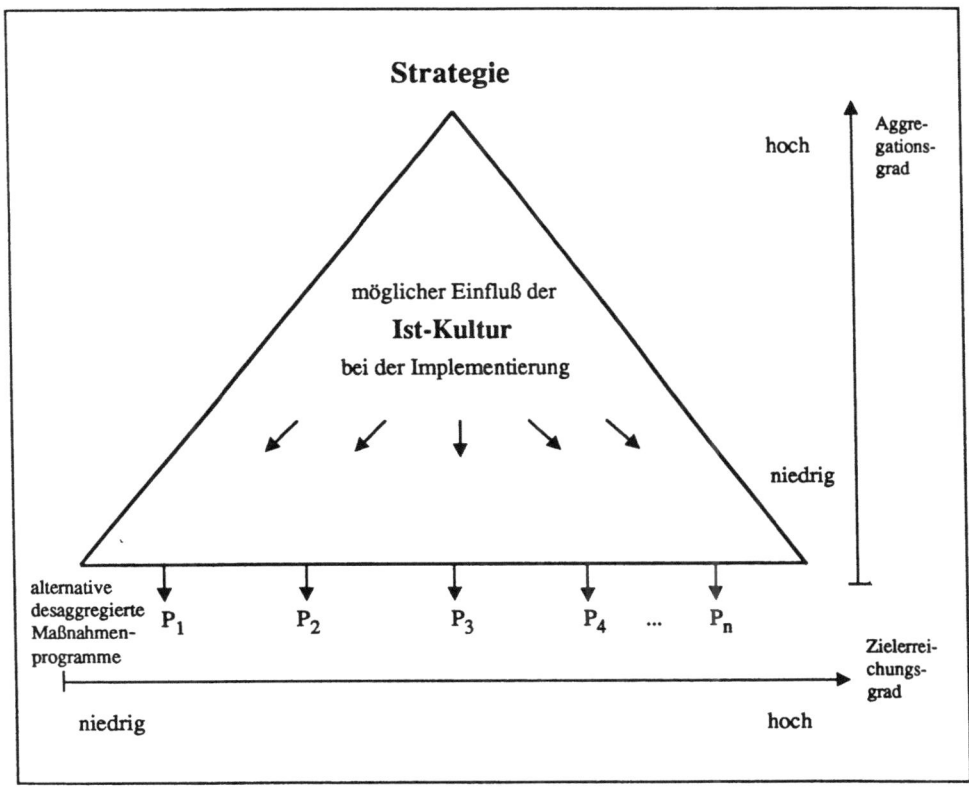

Abb. 14:   Der Einfluß der Kultur bei der Strategie-Implementierung

Die Devise, daß Strategie und Kultur miteinander "harmonieren" müssen, wenn die Strategie erfolgreich realisiert werden soll, ist schnell ausgegeben. Für die praktische Umsetzung dieses Vorsatzes fehlen jedoch oft Hinweise, welche Kulturausprägungen überhaupt zu welchen strategischen Optionen passen (das gilt auch in umgekehrter Richtung).

Die *empirische Forschung* steht auf diesem Gebiet noch am Anfang. Deshalb müssen wir uns hier auf einige grundsätzliche Hinweise beschränken: Zunächst wird gefragt, welche kulturellen Anforderungen (hinsichtlich Art und Stärke) mit den *Normstrategien des Portfolio-Ansatzes* (Zweifaktoren-Portfolio) verbunden sind. Diese Frage werden wir anschließend auch für die sogenannten *"generischen" Wettbewerbsstrategien* nach Porter und für zwei *multinationale Strategievarianten* stellen und zu beantworten versuchen.

4.1.2 *Portfoliostrategien und Unternehmenskultur*

In dem einfachsten Portfolio-Modell, auf das wir uns hier beschränken, werden die strategischen Geschäftsfelder (Produktfeld-Markt-Kombinationen) des Unternehmens, wie bereits erläutert, hinsichtlich der folgenden zwei Kriterien beurteilt:

- *relativer Marktanteil* (= eigener Marktanteil in Relation zu dem des stärksten Konkurrenten, gegebenenfalls auch zu denen der drei stärksten Konkurrenten) als Maß für die Wettbewerbsstärke des Unternehmens und

- *Marktwachstumsrate* als Kriterium für die Attraktivität des bearbeiteten Marktes.

Für ein konkretes Unternehmen mit drei strategischen Geschäftsfeldern ergibt die Portfolio-Analyse z.B. folgendes Bild:[17]

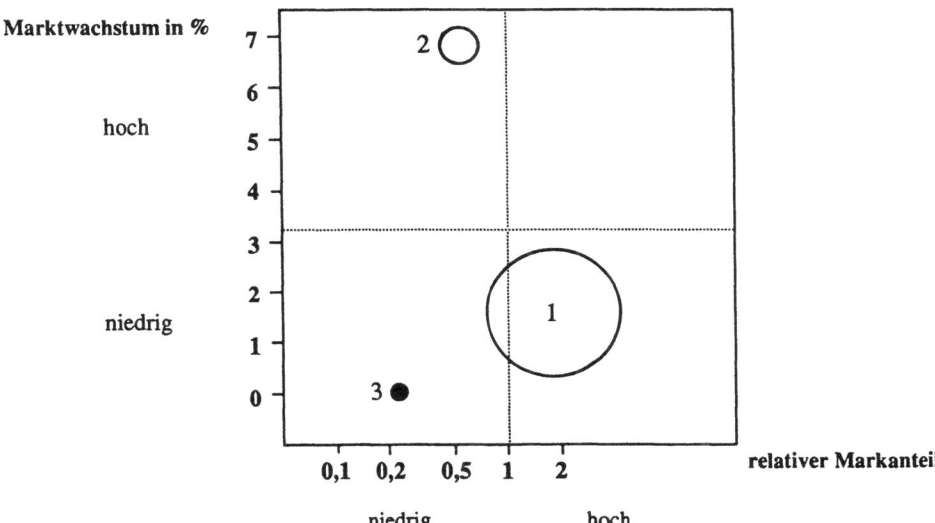

Abb. 15: *Das Marktanteil-Marktwachstum-Portfolio (Beispiel)*

Mit dieser Variante der Portfolio-Analyse werden also vier Kategorien von Geschäftsfeldern gebildet, die sich bekanntlich wie folgt kennzeichnen lassen (vgl. auch Hedley, 1986, S. 118 ff.):

- *Stars* (hohes Marktwachstum, hoher relativer Marktanteil): Strategische Geschäftsfelder (SGF) mit hohem Cash-flow, aber auch mit hohem Finanzbedarf, um den erreichten Marktanteil im wachsenden Markt zu sichern.

- *Cash cows* (niedriges Marktwachstum, hoher Marktanteil): SGF mit hohem Cash-flow und niedrigem Finanzbedarf, da wegen des schwachen Marktwachstums nur Erhaltungs-, aber keine Erweiterungsinvestitionen mehr getätigt werden. Im Saldo erbringen diese SGF einen Cash-flow-Überschuß.

- *Question marks* (hohes Marktwachstum bei niedrigem Marktanteil): SGF, deren Cash-flow (noch) nicht ausreicht, um die für Erweiterungsinvestitionen benötigten Mittel bereitzustellen.

- *Dogs* (niedriges Wachstum und niedriger Marktanteil): SGF mit geringen Überschüssen, die oft nicht einmal den eigenen Finanzmittelbedarf decken.

Verknüpft man diese Kategorien mit dem Konzept des Produkt- bzw. Geschäfts-
feldlebenszyklus, dann läßt sich in der Regel feststellen, daß sich Question marks in
der *Einführungsphase*, Stars in der *Wachstumsphase*, Cash cows in der *Sättigungs-
bzw. Reifephase* und Dogs in der *Schrumpfungsphase* ihres jeweiligen Lebenszyklus
befinden (vgl. Deshpandé/ Parasuraman, 1986, S. 30 f.).

In dem oben dargestellten Beispiel setzt sich das Unternehmensportfolio also wie
folgt zusammen: eine 'Cash cow' (SGF 1), ein 'Question mark' (SGF 2) und ein
Geschäftsfeld der Kategorie 'Dog' (SGF 3).

Ziel der strategischen Maßnahmen ist es nun, ein "dauerhaft ausgewogenes" Portfolio zu erreichen, d.h. sicherzustellen, daß der von den Cash cows erwirtschaftete Überschuß ausreicht, um den Finanzbedarf der Question marks und Stars - dies sind die
Cash cows "von morgen" - zu decken. Zu diesem Zweck werden in der Literatur die
folgenden geschäftsfeldspezifischen *Normstrategien* empfohlen:

- *Investitionsstrategien für Stars*: Diese SGF sind nach Möglichkeit zum Markt-
  führer auszubauen.

- *Abschöpfungsstrategien für Cash cows*: Bei diesen SGF sind lediglich Erhal-
  tungsinvestitionen vorzunehmen, die notwendig sind, um die Wettbewerbsposition zu verteidigen.

- *Selektionsstrategien für Question marks*: Diese SGF sind - je nachdem, ob Aussicht besteht, den Marktanteil nennenswert zu steigern oder nicht - entweder
  konsequent zu Stars auszubauen oder aufzugeben (Desinvestition, Liquidation).

- *Desinvestitionsstrategien für Dogs*: Hier wird empfohlen, die Geschäftätigkeit
  mangels positiver Erfolgsaussichten einzustellen, sofern keine anderen Gründe
  (z.B. absatzmäßige Verflechtungen zu anderen, umsatzstärkeren Geschäftsfeldern) dagegensprechen.

Für das in Abbildung 15 dargestellte Unternehmen würde sich demzufolge diese
Gesamtstrategie empfehlen: SGF 2 mit den Überschüssen von SGF 1 konsequent zum
Star ausbauen, SGF 1 möglichst lange in seiner Position halten und die Überschüsse
"abschöpfen", SGF 3 mangels Erfolgsaussichten liquidieren (der Liquidationserlös
steht dann für Investitionen in das SGF 1 zur Verfügung). Da das Unternehmen nach
dieser Strategie nur noch "auf zwei Beinen steht", ist zu überlegen, ob das Tätigkeits-
spektrum mittelfristig um ein völlig neues Geschäftsfeld (als Ersatz für SGF 3) erwei-

tert werden soll. Hinweise auf mögliche Geschäftsfeldvarianten, die dafür in Betracht kommen, liefert die Portfolio-Analyse nicht.

Die in unserem Beispiel anzustrebenden Geschäftsfeldpositionen sind in dem folgenden *Soll-Portfolio* noch einmal graphisch dargestellt:

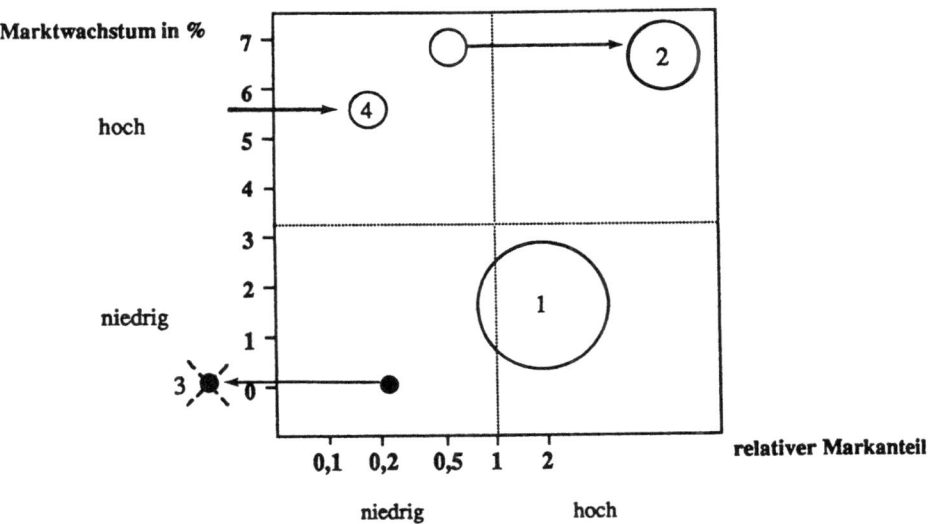

Abb. 16: Das Soll-Portfolio (Beispiel)

Es fragt sich nun, welche *Ausprägung die Unternehmenskultur* in den einzelnen Geschäftsfeldern haben sollte, um die jeweils empfohlene Normstrategie zum Erfolg zu führen. Unter Rückgriff auf die Typologie von Deal/ Kennedy (siehe Abschnitt 3.2.2) läßt sich folgende Zuordnung vornehmen (vgl. auch Deshpandé/ Parasuraman, 1986, S. 32 f.):

● *eine "Alles oder Nichts-Kultur" für Question marks:*

Geschäftsfelder dieser Kategorie befinden sich in der Einführungsphase ihres Lebenszyklus. Da in diesem Stadium bereits erhebliche Investitionen getätigt worden sind (z.B. in Forschung und Entwicklung, Personal- und Produktions- kapazitäten, Einführungswerbung, Aufbau eines Distributionsnetzes u.ä.), die Umsätze sich aber noch auf einem vergleichsweise niedrigen Niveau bewegen, ist das *Risiko* in diesen Geschäftsfeldern hoch.[18] Gleichzeitig ist der Informationsrückfluß aus dem Markt noch relativ schnell, denn "... it does not take long to find out whether the new product is going to be a boom or a bust" (Deshpandé/ Parasuraman, 1986, S. 32).

Wichtiger noch ist: Ein Question mark-Geschäftsfeld befindet sich erst im Aufbau und braucht Mitarbeiter, die "mit Aufbruchstimmung und Pioniergeist" die Expansion in dem neuen Geschäftsfeld mittragen und fördern. Es stellt für das Unternehmen etwas Neues dar und zeichnet sich deshalb fast zwangsläufig durch unkonventionelle Denk- und Handlungsweisen aus - alles Merkmale, die für die "Alles oder Nichts-Kultur" typisch sind.

- *eine "Brot und Spiele-Kultur" für Stars*:

  Diese Geschäftsfelder befinden sich in der Wachstumsphase und müssen kräftig investieren, um ihre Marktstellung weiter auszubauen. Das Risiko des Unternehmens in diesem Feld ist also nicht kleiner, sondern eher noch höher als in der Einführungsphase, auch wenn sich das Marktfeedback vor allem wegen des immer differenzierter werdenden Wettbewerbsgeschehens nun etwas verlangsamt.

  Um sich weiter in dem (wachsenden) Markt zu etablieren, sind Grundwerte wie *Offenheit gegenüber Umweltveränderungen, Aufgeschlossenheit für Kundenwünsche, Innovationsorientierung und Unternehmungsgeist* gefragt. Die Umweltdynamik kann hier (noch) primär positiv - als Chance - angesehen werden. In unternehmenskultureller Hinsicht ist es wichtig, etwas von der "Aufbruchstimmung", die die Einführungsphase begleitet hat, aber selten von Dauer ist, in den nun mehr und mehr durch etablierte Abläufe und Routinen geprägten Ge-schäftsalltag "hinüberzuretten". Die beste Voraussetzung dafür bildet die "Brot und Spiele-Kultur".

- *eine "analytische Projektkultur" für Cash cows*:

  In der Reifephase des Geschäftsfeldes wächst der Markt nicht mehr; der Ausbau der eigenen Marktposition ist daher nur zu Lasten der Marktanteile von Konkurrenten möglich und dementsprechend schwierig ("Wettbewerb als Nullsummenspiel"). Es ist verständlich, daß die Umweltdynamik hier eher als Bedrohung denn als Chance aufgefaßt wird. Nach Möglichkeiten, jetzt noch einen Wettbewerbsvorteil zu erlangen, muß intensiv gesucht werden (verstärkte Analysetätigkeit). Oft versuchen Unternehmen in dieser Phase, ihr Ergebnis mittels Kostensenkung zu verbessern (z.B. durch Rationalisierung, Personalabbau, Prozeßoptimierung, Wertanalysen usw.) - alles effizienzerhöhende Maßnahmen, deren Ausführung durch eine nach innen gerichtete "analytische Projektkultur" begünstigt wird.

Während der Informationsfluß aus dem Markt - aufgrund der gestiegenen Wachsamkeit gegenüber der Konkurrenz - wieder beschleunigt wird, ist das Risiko bei Cash cows relativ gering: Die getätigten Investitionen haben sich vielfach bereits amortisiert, das Geschäftsfeld "produziert" einen positiven Cash flow.

- *eine "Prozeß-Kultur" für Dogs*:

  Dogs sind potentielle "Abstiegskandidaten". Sowohl die Wettbewerbsstellung als auch die Marktaussichten sind so schlecht, daß die Aufgabe dieser Geschäftsfelder erwogen und - sofern keine Aussicht besteht, dem Produktfeld (z.B. durch Relaunch oder Repositionierung der Produkte) wieder "auf die Beine" zu helfen - auch beschlossen wird. Dann kommt es nicht mehr auf besonderen Einfallsreichtum, sondern darauf an, die für die Geschäftsfeldaufgabe notwendigen Prozesse möglichst reibungslos "abzuwickeln". In diesem Fall ist es also zumindest nicht schädlich, wenn das Geschäftsfeld eine "Prozeß-Kultur" aufweist, "where employees frequently focus on *how* they do something rather than *what* they do" (Deshpandé/ Parasuraman, 1986, S. 32).

  Eine extrovertierte, emotional geprägte Unternehmenskultur wäre hier eher hinderlich als förderlich. Grundhaltungen wie "Wettbewerbsorientierung" und "Unternehmungsgeist" hätten gar keinen Platz, um sich sinnvoll zu entfalten. Alles in allem scheint die "Prozeß-Kultur" für Geschäftsfelder der Dog-Kategorie, sofern diese aufgegeben werden sollen, die empfehlenswerte Kulturvariante zu sein.

Fazit: Für Geschäftsfelder, die in dem durch hohes Marktwachstum gekennzeichneten Matrixbereich positioniert sind, eignet sich eine extrovertiert-wettbewerbsorientierte Kultur, für solche mit niedrigem Marktwachstum eine introvertiert-analytische Kultur. Abbildung 17 faßt die bisherigen Überlegungen noch einmal auf einen Blick zusammen.

Marktwachstum in %	**Question marks** (Einführungsphase; Selektionsstrategie)	**Stars** (Wachstumsphase; Investitionsstrategie)
hoch	**Alles oder Nichts-Kultur** ("Aufbruchstimmung", Pioniergeist)	**Brot und Spiele Kultur** (Dynamik als Chance, Offenheit)
niedrig	**Dogs** (Schrumpfungsphase; Desinvestitionsstrategie)	**Cash Cows** (Reife-/Sättigungsphase; Abschöpfungsstrategie)
	Prozeßkultur (Abwicklung, Desinvestition)	**analytische Projektkultur** (Umweltdynamik als Bedrohung, Effizienzorientierung)

| | niedrig | hoch | relativer Marktanteil |

Abb. 17:   *Kulturtypen und Portfolio-Strategien*
(Quelle: in Anlehnung an Deshpandé/ Parasuraman, 1986, S. 33)

Die bisherigen Aussagen bezogen sich nur auf die Kulturdimension "Art". Hinsichtlich der *Dimension "Stärke"* haben wir ja bereits festgestellt, daß es in der Regel günstig ist, einer allzu großen Homogenität und Verankerung der unternehmensspezifischen Werte und Normen entgegenzuwirken. Wenn es dem Unternehmen gelingt, *geschäftsfeldtypische Subkulturen* der geschilderten Art zu entwickeln bzw. zu pflegen, wird dadurch gleichzeitig einer Erstarrung und Verkrustung der Ist-Kultur entgegengewirkt.

Um auf das in Abbildung 15 dargestellte Unternehmen zurückzukommen: Die im Geschäftsfeld 2 geltenden Orientierungsmuster und Wertvorstellungen (Kunden- und Innovationsorientierung, Dynamik und Offenheit für Veränderungen) unterscheiden sich von den im derzeit dominierenden Geschäftsfeld 1 verbreiteten Werten und Normen (Effizienzorientierung, Analysedenken, Trend zum abgeschlossenen Weltbild) und halten so die Unternehmenskultur als Ganzes "im Fluß".

4.1.3 "Generische" Wettbewerbsstrategien und Unternehmenskultur

Diese auf Porter (1986) zurückgehende Einteilung von Wettbewerbsstrategien geht von der Überlegung aus, daß es zur Erlangung eines Wettbewerbsvorteils eigentlich nur zwei alternative Wege gibt, und zwar

- entweder dadurch, daß man *kostengünstiger* anbietet als die Konkurrenz (Kostenvorteile),

- oder dadurch, daß man das eigene Produkt- und Leistungsangebot so *differenziert*, daß es sich in den Augen der Konsumenten deutlich vom Konkurrenzangebot unterscheidet und ihnen einen höheren Nutzen verspricht (Differenzierungsvorteile).

Für ein Geschäftsfeld, das auf "seinem" Markt mit anderen Unternehmen konkurriert, stehen damit die folgenden drei strategischen Basisoptionen zur Wahl, unter denen eine auszuwählen ist (vgl. auch Corsten/ Will, 1992, S. 185 ff.):

- *Strategie der Kostenführerschaft*:

    Diese Strategie kommt für Märkte mit homogenen Gütern bzw. weithin anerkannten Produktstandards in Frage - also immer dann, wenn sich nur wenige oder überhaupt keine Differenzierungsmöglichkeiten bieten. Ziel dieser Strategie ist es, durch die konsequente Ausnutzung von sich bietenden Kostensenkungspotentialen (z.B. durch Erfahrungskurveneffekte oder Economies of Scale, aber auch durch günstigen Ressourcenzugang, Standortvorteile u.ä.) einen relativen Kostenvorsprung vor den Wettbewerbern des Gesamtmarkts zu erreichen.

- *Differenzierungsstrategie*:

    Ziel dieser Strategie ist das Angebot "einzigartiger" Produkte (entsprechend auch Leistungen), die sich aus Sicht der Konsumenten positiv vom Konkurrenzangebot abheben und eine Steigerung des Nutzungswertes versprechen. Dies kann auch durch die Erhöhung der Produkt-/ Dienstleistungsqualität erreicht werden. Der Drang von Unternehmen, sich auf diese Weise einen Konkurrenzvorteil zu verschaffen, scheint dem Wettbewerbsgeschehen immanent zu sein (vgl. auch Jacob, 1985, S. 183 ff.). Die Differenzierungsstrategie ist deshalb in der Praxis relativ häufig anzutreffen. Wichtig ist, daß die veränderten Produkte/

Leistungen eine über den Differenzierungskosten liegende Preisprämie abwerfen.

● *Konzentrationsstrategie*:

Diese Strategie unterscheidet sich von den vorherigen nur insofern, als die Marktdimension des strategischen Geschäftsfeldes auf eine *Marktnische* (z.B. eine spezifische Kundengruppe, ein bestimmtes geographisches Absatzgebiet) verengt wird. Für die bearbeitete Nische (das bearbeitete Segment) wird entweder wieder Kostenführerschaft oder Differenzierung angestrebt.

Diese sehr einfach gehaltenen Basisoptionen können nach Bedarf weiter "ausformuliert" und differenziert werden (z.B. danach, ob die geltenden "Wettbewerbsregeln" eingehalten oder bewußt "verletzt" werden sollen). Aus Platzgründen wollen wir es hier bei den drei Grundstrategien belassen und fragen, welche Ausprägung der Unternehmenskultur mit den Basisoptionen "harmonieren" und ihre Umsetzung fördern.

● *Eine "analytische Projektkultur" für die Kostenführerschaftsstrategie*:

Um einen Kostenvorteil gegenüber der Konkurrenz zu erreichen, müssen Kostensenkungspotentiale, wie sie z.B. vom Erfahrungskurvenkonzept postuliert werden, konsequent "aufgespürt" und realisiert werden. Wie schon im Zusammenhang mit der Abschöpfungsstrategie für Cash cows erwähnt, bedarf es dazu besonderer analytischer Anstrengungen (z.B. Wertanalysen, Simulations- und Optimierungsrechnungen). Unterstützt werden diese Anstrengungen durch eine Unternehmenskultur, die eine "nach innen" gerichtete und auf Optimierung innerbetrieblicher Prozesse abzielende Denkweise propagiert.

Wegen des homogenen Angebots auf dem bearbeiteten Markt und der fehlenden Differenzierungsmöglichkeiten wäre eine extrovertiert-offene Kultur u.U. sogar kontraproduktiv, sofern auch in Zukunft keine Erhöhung der Wettbewerbsdynamik (z.B. durch das Angebot innovativer Ersatzprodukte) zu erwarten ist. Die "analytische Projektkultur" kann dann sogar relativ stark ausgeprägt, d.h. weit verbreitet und tief verankert sein, ohne die oben geschilderte Inflexibilität "starker" Unternehmenskulturen befürchten zu müssen.

Eine Strategie, wie sie von der "analytischen Projektkultur" unterstützt wird, ist z.B. die folgende, primär "nach innen" gerichtete und auf eine Verbesserung der

Kosten- und Liquiditätssituation abzielende Strategie, wie sie die Metallgesellschaft AG vor einiger Zeit veröffentlicht hat:

Die Einzelprojekte	
Projekt	Ziel
Personal	Reduzierung der Personalkosten um 550 Mio. DM; Personalabbau von 7500 Mitarbeitern
Beschaffung	Kosteneinsparungen im Einkauf in Höhe von 500 Mio. DM
Sonstiger Aufwand	Kosteneinsparungen in Höhe von 500 Mio. DM
Vorräte	Liquiditätsverbesserung durch Abbau der Vorräte in Höhe von 610 Mio. DM
Forderungen	Liquiditätsverbesserung durch Reduzierung von Forderungen in Höhe von 20 Prozent (entspricht ca. 600 Mio. DM)
Reduzierung Investitionen	Liquiditätsverbesserung durch Limitierung des Sachanlage- und Beteiligungszugangs um ca. 160 Mio. DM
Desinvestitionen	Liquiditätsverbesserung durch Verkauf von Unternehmensbeteiligungen in Höhe von ca. 1 Mrd. DM
Nicht betriebsnotwendiges Vermögen	Liquiditätsverbesserung durch Verkauf nicht betriebsnotwendiger Vermögensgegenstände in Höhe von ca. 100 Mio. DM
Outsourcing	Liquiditäts- und Ergebnisverbesserung durch Ausgliederung und Verkauf von Teilaktivitäten
Restrukturierung Handel	Struktur- und Ergebnisverbesserung im Handelsbereich
Restrukturierung Zentrale	Restrukturierung der Konzernverwaltung

Abb. 18:   *Strategie der Metallgesellschaft AG zur Kostensenkung und Liquiditätsverbesserung (Quelle: FAZ, Nr. 108, 13.5.94)*

● *Eine Kombination aus "Alles oder Nichts"- und "Brot und Spiele"-Kultur für die Differenzierungsstrategie:*

Für die erfolgreiche Umsetzung der Differenzierungsstrategie sind gerade solche Grundüberzeugungen, Werte und Normen wichtig, die für die Kostenführerschaftsstrategie kaum von Bedeutung waren: Offenheit für Kundenwünsche, Sensibilität für neue Entwicklungen, Innovationsorientierung, Kreativität, Spontanität, Aktivität - mit anderen Worten: eine Kombination aus den beiden oben genannten "extrovertierten" Kulturtypen.

Entscheidend ist, daß die Wettbewerbsdynamik, die teils von anderen, teils vom betrachteten Unternehmen selbst ausgeht, positiv bewertet und als Chance eingestuft wird.

Die *Konzentrationsstrategie* erfordert - je nach inhaltlichem Schwerpunkt - entweder eine mehr introvertiert-analytische oder eine mehr extrovertiert-kreative Kultur. Festzuhalten ist aber, daß der Typ der "Prozeßkultur" mit *keiner* der hier erwähnten Wettbewerbsstrategien kompatibel ist. Denn bürokratisch-starre Denk- und Handlungsweisen stehen zu einer aktiven betrieblichen Wettbewerbspolititk ganz einfach im krassen Widerspruch.

In der Literatur ist kontrovers darüber diskutiert worden, ob Kostenführerschaft und Differenzierung als unvereinbare Alternativen oder als miteinander kombinierbare Strategiebausteine zu verstehen sind. Mittlerweile hat sich die Erkenntnis durchgesetzt, daß *beide Strategien auch parallel* verfolgt werden können und ihre Kombination einen "... durchaus adäquaten, vielfach sogar überlegenen Weg zur Erzielung von Wettbewerbsvorteilen darstellt" (Corsten/ Will, 1992, S. 190). Als Konsequenz wären dann *bereichsspezifische Subkulturen* zu fordern (z.B. 'analytisch' in der Produktion, 'innovativ' im Bereich Forschung und Entwicklung, 'extrovertiert' im Marketing). Zu beachten ist aber die Zunahme der mit der kulturellen Vielfalt verbundenen Reibungsverluste.

4.1.4 *"Multinationale" Strategievarianten und Unternehmenskultur*

Multinationale Unternehmen (MNU) sind in mehr als zwei Staaten, oft sogar weltweit tätige Konzerne. Sie verfügen über ein Netz von Auslandsniederlassungen oder Tochtergesellschaften, von denen wenigstens einige auch Produktionsaufgaben übernehmen.

Im Hinblick auf die Unternehmenskultur solcher Konzerne stellt sich die Frage, ob und inwieweit eine (im Extremfall weltweite) Vereinheitlichung der unternehmensspezifischen Werte und Normen angestrebt oder eine landesspezifisch gefärbte Kulturvielfalt im Unternehmen toleriert werden soll. Die Entscheidung richtet sich auch hier wieder danach, welche Strategie das Unternehmen verfolgt, wobei wir wieder nur zwei "Extremvarianten" näher betrachten wollen, und zwar die *rein-globale Strategie* mit zentralisierter Knotenpunktstruktur und die *länderspezifische Strategie* mit dezentralisierter Organisationsstruktur. Beginnen wir mit der erstgenannten Strategie:

● *1. Variante: MNU mit "rein-globaler" Strategie und einheitlicher Kultur*

Bei dieser Strategievariante verbleibt die Mehrzahl der Wertschöpfungsaktivitäten (vor allem: Beschaffung, Forschung und Entwicklung, Produktion) bei der Muttergesellschaft; nur diejenigen Funktionen, die zwangsläufig in Kundennähe auszuüben sind (z.b. Distribution, Werbung, Service), werden von den Auslandsniederlassungen ausgeführt, allerdings meist in standardisierter Form und unter straffer Leitung der Zentrale.

Die ausländischen Tochtergesellschaften werden von der Muttergesellschaft mit allen nötigen Gütern, Ressourcen und Informationen "versorgt" und haben nur geringe eigene Entscheidungsfreiräume. Die zu der "rein-globalen" Strategie passende Organisationsform - typisch für viele ostasiatische MNU - wird in Abbildung 19 graphisch veranschaulicht (die Schraffierung kennzeichnet die Entscheidungszentralisierung bei der Muttergesellschaft):

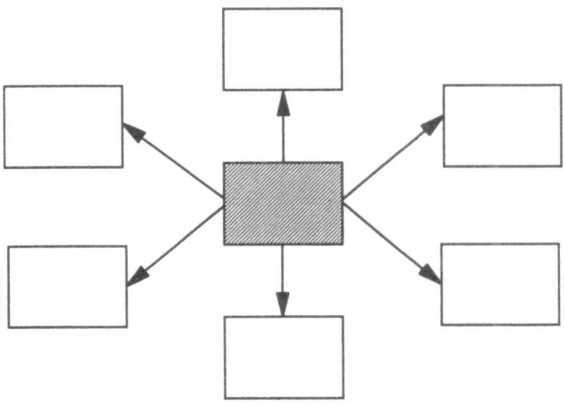

Abb. 19:   *MNU mit zentralisierter Knotenpunktstruktur*
             (Quelle: in Anlehnung an Bartlett, 1989, S. 435)

Die gesamte Strategie- und Organisationskonzeption ist hier auf Vereinheitlichung (Standardisierung) und geographische Konzentration und damit auf die *Realisierung von Kostenvorteilen* gerichtet (vgl. auch Porter, 1989, S. 30 f.). Die *Unternehmenskultur* einer solchen MNU wird daher ebenfalls einen Trend zur globalen Vereinheitlichung (und damit gleichzeitig einen Hang zur Stärke) aufweisen. Dies liegt zum einen daran, daß der Differenzierungsgesichtspunkt, der ja auch auf kultureller Seite ein gerüttelt Maß an Heterogenität und Vielfalt verlangt, hier im Hintergrund steht. Zum anderen sind die Auslandstöchter - da primär als "ausführende Organe" der Mutter tätig und stark an diese gebunden - nur oberflächlich in den jeweiligen Gastländern verankert und übernehmen nur wenig von den landesspezifischen Kulturelementen.

Ein Beispiel: Von den derzeit etwa 1200 Mitarbeitern des Toyota-Werkes in Burnaston (Großbritannien) wurden 350 für mehrere Wochen im Stammwerk des Konzerns in Toyota-City geschult - auch und gerade im Hinblick auf die Unternehmenskultur (vgl. Odrich, 1994, S. 7).

Oft ist es sogar so, daß die Auslandsgesellschaften zu Exporteuren heimischer Werte und Normen werden - man denke z.B. an japanische Unternehmen, die die Philosophie des *kaizen* oder Denkweisen wie *uchi no kaisha* ("mein Unternehmen": Förderung von Motivation, Einsatzfreude und Teamgeist durch Schaffung eines Zugehörigkeitsgefühls) auch bei uns propagieren (zum Management japanischer Unternehmen vgl. auch Albach, 1990; Schneidewind, 1991).

● *2. Variante: MNU mit länderspezifischer Strategie und kultureller Vielfalt*

Diese Strategievariante stellt in vielerlei Hinsicht das Gegenstück zur "rein-globalen" Strategie dar: Denn hier wird in jedem Land (bzw. in einer Gruppe von Ländern) *jeweils eine "eigene" komplette Wertekette* angesiedelt, die in ihren Wertschöpfungsaktivitäten (z.B. Forschung und Entwicklung, Beschaffung, Produktion, Absatz) landestypisch ausgeprägt ist. Auch die erstellten Produkte und Leistungen werden länderspezifisch differenziert, also stark an die Besonderheiten der Nachfrage in dem jeweiligen Gastland angepaßt. Die Tochtergesellschaften haben im Vergleich zur ersten Strategievariante eine viel größere Entscheidungsautonomie. Wechselbeziehungen zwischen den Auslandstöchtern gibt es dagegen kaum. Die Zentrale beschränkt sich weitgehend auf die Aufgaben einer Holding, d.h. die Führung und Kontrolle des Konzerns primär unter Erfolgs- und unter finanziellen Gesichtspunkten.

Die Organisationsstruktur gleicht hier eher einem "locker gewobenen Netz" von Organisationseinheiten, wie es in Abbildung 20 beispielhaft dargestellt ist.

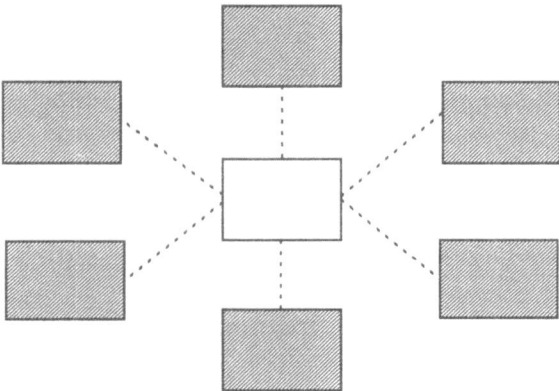

Abb. 20:   *MNU mit dezentraler Organisationsstruktur*
                     (Quelle: in Anlehnung an Bartlett, 1989, S. 434)

Der Grundgedanke der länderspezifischen Differenzierung gilt letztlich auch in kultureller Hinsicht: Da die Tochtergesellschaften stark in ihren Gastländern verwurzelt sind, schlagen sich die landesüblichen Denkweisen und Verhaltens- normen stark in den jeweiligen Subkulturen nieder und prägen diese in charakte- ristischer Weise. So wäre es aus wissenschaftlicher Sicht z.B. interessant, die Unternehmenskulturen der beiden General Motors-Töchter *Opel* und *Vauxhall* miteinander zu vergleichen. In der Tat scheint die Kombination von länderspezi- fischer Strategie und kultureller Vielfalt für viele US-amerikanische und euro- päische MNU typisch zu sein.

Auch bei den multinationalen Strategien geht der Trend dahin, Kosten- und Differenzierungsvorteile *simultan* zu verfolgen, d.h. die Vorteile der "rein-glo- balen" und der länderspezifischen Strategie miteinander zu verknüpfen. Die Organisationsstruktur wird dann allerdings komplizierter als in den eben beschriebenen Fällen und bildet ein 'globales Netzwerk' von interdependenten Tochtergesellschaften, die sich aufgrund dieser Interdependenzen auch kulturell angleichen.

Zusammenfassend läßt sich feststellen: Strategie und Kultur bedingen einander; sie sind erfolgsinterdependent und müssen zueinander "in Harmonie" gebracht werden,

wenn die Strategie "richtig" umgesetzt werden und das Unternehmen erfolgreich bleiben soll.

Strategie und Kultur beeinflussen sich jedoch nicht nur in der Höhe ihrer Erfolgs-
beiträge, sondern, wie jetzt gezeigt werden soll, auch *direkt* in ihren Ausprägungen
bzw. Gestaltungsformen.

4.2 Die Soll-Kultur prägt die formulierte Unternehmensstrategie

Nehmen wir zunächst an, daß die Unternehmensleitung bereits Vorstellungen über die
anzustrebende Soll-Kultur (Grundannahmen und -werte, die zu der erwarteten
Umweltentwicklung "passen") entwickelt und in Form von Unternehmensgrundsätzen
zum Ausdruck gebracht hat.

Nun ist die Unternehmensstrategie selbst - als hochaggregierter Unternehmensgesamtplan - das Ergebnis eines Entscheidungsprozesses, in den die Grundannahmen
und -werte der Soll-Kultur einfließen, und zwar

- in der *Zielsetzungsphase*: wenn Arten-, Höhen-, Zeit- und Sicherheitspräferenz
  präzisiert werden. So wird der Vorstand eines Unternehmens mit "Alles oder
  Nichts-Kultur" eine höhere Risikobereitschaft aufweisen als eine Unternehmensleitung, die die "Prozeß-Kultur" favorisiert.

- in der *Analysephase*: durch eine "kulturgeprägte" Wahrnehmung der planungsrelevanten Unternehmens- und Umweltentwicklung. Es sei daran erinnert, daß
  sich die von Deal/ Kennedy beschriebenen Kulturtypen auch in der Art der
  Wahrnehmung der umweltbedingten Chancen und Risiken unterscheiden. Die
  Unternehmenskultur hat maßgeblichen Einfluß darauf, wie die Umwelt gesehen,
  was überhaupt als Planungsproblem erkannt wird.

- in der *Alternativengenerierungsphase*: dadurch, daß Strategiealternativen, die
  im Widerspruch zu den Unternehmensgrundsätzen stehen, von vornherein aus-
  gefiltert werden. Nehmen wir z.B. ein Unternehmen, das auf eine Belieferung
  von diktatorisch regierten Ländern grundsätzlich verzichtet. Ein weniger
  dramatisches Beispiel ist die Entscheidung eines großen deutschen Automobil-
  herstellers, sich nicht an der Herstellung des sogenannten "Swatch-Autos" zu
  beteiligen.

● in der *Bewertungsphase*: erstens im Erkennen der objektiven Handlungsfolgen einer jeden Alternative, zweitens in den Zielbeiträgen, die den Alternativen letztlich zugeordnet werden. So ist für ein Unternehmen, das ökologische Gesichtspunkte stärker als bisher berücksichtigen will, eine "umweltfreundliche" Geschäftsfeld-Strategie unter sonst gleichen Bedingungen entsprechend wertvoller als andere Strategiealternativen.

● in der *Auswahlphase*: Hier bündeln sich die zuvor genannten Einflüsse und bewirken die Auswahl derjenigen Strategiealternative, die der gewollten Unternehmenskultur am ehesten entspricht. Ein Beispiel: Bei betont innovativer Soll-Kultur wird der Aufbau *neuer* Geschäftsfelder vor dem Ausbau bereits bestehender Vorrang haben. Dabei kann selbst die Wahl der verwendeten Entscheidungs*methode* kulturgeprägt sein. "Junge" Unternehmen mit "Alles oder Nichts"-Kultur fällen strategische Entscheidungen oft intuitiv, traditionsreiche Großunternehmen mit "analytischer Projektkultur" dagegen nur auf Basis umfangreicher Analysen.

Es ist denkbar, daß die Unternehmensleitung Vorstellungen über die anzustrebende Soll-Kultur erst während der Strategieformulierung entwickelt, etwa dergestalt, daß während der Phase der strategischen Analyse Umweltentwicklungen erkannt werden, die eine Anpassung der Grundannahmen und -werte erforderlich machen, was wiederum die Generierung von Strategiealternativen beeinflußt usw. "Formulierte" Strategie und Soll-Kultur können sich also auch iterativ annähern.

Stimmt die Ist-Kultur des Unternehmens weitgehend oder sogar völlig mit der Soll-Kultur überein, ist die Strategie zugleich Ausdruck der bestehenden Kultur - und die Unternehmensleistung sozusagen ihr oberster Repräsentant. Realitätsnäher ist allerdings der Fall, daß die bisher im Unternehmen verbreiteten Werte und Normen den Vorstellungen der Soll-Kultur *widersprechen*.

Da sich eine abweichende Ist-Kultur nicht beliebig und vor allem nicht beliebig schnell in Richtung Soll-Kultur verändern läßt - ebensowenig, wie man "... über Nacht aus einem Mecklenburger einen Schwaben, aus einem Bayern einen Friesen oder aus einem Ingenieur einen Kaufmann machen kann" (Dierkes, 1994, S. 7) -, müssen auch die von der Ist-Kultur ausgehenden Restriktionen bei der Strategieplanung berücksichtigt werden.

4.3   Auch die Ist-Kultur prägt die Unternehmensstrategie

Eine formulierte Strategie, die auf die relevanten Umweltbedingungen "richtig" ausgerichtet ist, verfehlt dennoch ihr Ziel, wenn die bestehende Unternehmenskultur ihr entgegensteht. Das ist z.b. der Fall, wenn die Mitarbeiter des in Abschnitt 4.1 skizzierten Beispielunternehmens an ihrer produktionsorientiert-introvertierten Denkweise festhalten.

"Disharmonien" zwischen Strategie und Kultur können zur Folge haben, daß

- die strategischen Vorgaben auf den folgenden Planungsstufen entweder gar nicht oder nur widerstrebend und mit erheblicher Zeitverzögerung beachtet werden (Beispiel: Die Vorgabe, einen Detailplan für den "Rückzug" aus einem Geschäftsfeld auszuarbeiten, wird von dem Leiter des betreffenden Geschäftsfelds ignoriert oder nach Kräften boykottiert).[19]

- die strategischen Vorgaben "schlecht" (zielungünstig) desaggregiert werden. Denn das "Herunterbrechen" der Strategie in konkrete Maßnahmenpläne ist, wie erwähnt, keine Routineaufgabe, sondern ein kreativer Prozeß, auf den die unternehmenskulturellen Werte und Normen wesentlichen Einfluß haben. So müssen, um ein neues Geschäftsfeld aufzubauen, im Rahmen der Detailplanung neue Produkte konzipiert und entwickelt werden - eine Aufgabe, die die Mitarbeiter nur schlecht erfüllen, wenn ihnen der notwendige Innovationsgeist oder das Gespür für die veränderten Kundenbedürfnisse fehlt und das Suchfeld für Alternativen durch die Ist-Kultur auf bekannte bzw. nur leicht modifizierte Lösungen begrenzt ist.

- auf der Ebene der Detailplanungen auf herkömmliche Art und Weise bewertet und entschieden wird (so bleibt z.B. die Maxime des Vorstands, den Umweltschutz stärker als bisher in die Entscheidungen einzubeziehen, ohne Wirkung, wenn die Mitarbeiter im Einkauf die von ihnen zu beschaffenden Einsatzfaktoren nicht auch unter ökologischen Aspekten bewerten). Gerade *starke Ist-Kulturen* schaffen zuweilen eine besondere emotionale Bindung an bestimmte (traditionelle) Vorgehensweisen, die dann argumentativ kaum zugänglich sind (vgl. Schreyögg, 1989, S. 104; Shrivastava, 1985, S. 107 f.).

- die Integrations- und Koordinationswirkung der bestehenden Unternehmenskultur nicht den strategischen Erfordernissen entspricht, so daß verstärkt auf formelle Koordinationsinstrumente zurückgegriffen werden muß. Dieses Problem wird z.B. dann besonders augenfällig, wenn ein Unternehmen ein zweites mit völlig andersartiger Ist-Kultur akquiriert hat und zu integrieren versucht.

- auch das alltägliche (und durch die Ist-Kultur geprägte) Verhalten der Mitarbeiter - z.B. die Art und Weise, mit Kunden und Lieferanten zu reden - nicht (mehr) zu den neuen strategischen Grundsätzen paßt.

Die Ist-Kultur hat also auf alle Denk- und Tathandlungen während der Strategieumsetzung einen prägenden Einfluß: auf Detailplanungen und -entscheidungen (auch improvisatorische Entscheidungen als "inkrementale" Elemente der Strategie) ebenso wie auf konkrete Maßnahmen und Verhaltensweisen. Dieser Einfluß kann sich auch auf das *Verfahren* der Strategieplanung ausdehnen: So ist es denkbar, daß ein Unternehmen mit "Brot und Spiele-Kultur" eine Strategierückkopplung im Sinne des *Gegenstromprinzips* als inkrementales Element befürwortet, ein Unternehmen mit stark hierarchiebetonter "Prozeß-Kultur" dagegen strikt ablehnt.

Von der Ist-Kultur hängt es also maßgeblich ab, wie die in der Strategie notwendigerweise enthaltenen Entscheidungs- und Gestaltungsspielräume ausgefüllt werden. Eine nicht mit den Soll-Vorstellungen übereinstimmende Ist-Kultur ist folglich dafür verantwortlich, daß es emergente Handlungsmuster gibt, die von der ursprünglich "formulierten" Strategie abweichen. Die eingefahrenen Denk- und Verhaltensnormen sind in diesem Fall stärker als der Anreiz, die neuen strategischen Vorgaben als Entscheidungsprämissen zu akzeptieren.

Stimmen die gegenwärtigen Grundannahmen, Werte und Normen mit den strategisch erforderlichen voll oder doch weitgehend überein, werden die strategischen Vorgaben "richtig", d.h. zielgünstig in konkretes Handeln umgesetzt. Eine "strategiegerechte" Unternehmenskultur ist, gerade weil sie nicht von heute auf morgen verändert und kurzfristig nicht von den Konkurrenten nachgeahmt werden kann, ein entscheidender Erfolgsfaktor und ein Wettbewerbsvorteil.

Probleme entstehen - wie in Abbildung 13 angedeutet - erst dann, wenn die Ist-Kultur sich nur partiell oder gar nicht mit der Soll-Kultur deckt und sich "an der Basis" zielungünstige strategische Handlungsmuster formieren. Die intendierte Strategie wird hier durch Reibungsverluste, Fehlinterpretationen und innere Widerstände verwässert und verliert an Schlagkraft. Die bestehende Kultur wird zum internen Hindernis bei der Verwirklichung der geplanten Strategie, das um so größer ist, je stärker die Ist-Kultur ausgeprägt ist.

Die oben erwähnten Probleme "starker" Kulturen zeigen sich also auch im Verhältnis von Strategie und Kultur: Während "Kulturstärke" (große Homogenität und feste Verankerung der Grundannahmen, Werte und Normen bei den Unternehmensmitgliedern) im Fall einer Harmonie mit der Strategie von Vorteil ist und ihre Durchsetzung fördert,[20] stellt sie im Fall eines notwendigen strategischen Wandels ein Problem dar. Nicht zufällig sind es gerade die in der Vergangenheit besonders erfolgreichen Unternehmen (man denke z.b. an IBM), die sich mit der Veränderung ihrer durch den bisherigen Erfolg gefestigten und stabilisierten Weltsicht schwertun und die Notwendigkeit für eine Anpassung der unternehmensspezifischen Werte und Normen oft zu spät erkennen, eben weil "... alle Beteiligten in gleichen Kategorien und in gleicher Richtung denken" (Bleicher, 1986, S. 770). Aus diesem Grund ist es, wie angedeutet, in der Regel günstig, Gegen- oder Subkulturen zu pflegen, die die etablierte Kultur hinterfragen und "in Bewegung halten".

Wichtig ist: Kulturbedingte Restriktionen und Widerstände bei der Strategieumsetzung sind *bereits im Stadium der Strategieplanung zu antizipieren,* was auf kurze Sicht in der Regel "... eine Reduzierung strategisch erforderlicher Entwicklungsmöglichkeiten" (Krystek/ Zur, 1990, S. 19) zur Folge hat. Konkret kann das z.b. bedeuten, daß

● auf den Aufbau neuer oder die Aufgabe bestehender Geschäftsfelder, obwohl aus strategischer Sicht geboten, vorerst verzichtet wird oder

● fällige Umstrukturierungen nicht "auf einen Schlag", sondern stufenweise realisiert werden oder

● eine in Aussicht genommene Unternehmensakquisition verschoben oder unterlassen wird, weil die Integration des akquirierten Unternehmens wegen seiner völlig andersartigen Kultur derzeit große Probleme bereiten würde.

Auch personelle Konsequenzen auf der Ebene der Geschäftsleitung sind denkbar - z.B. die Entlassung von Führungskräften, die mit ihren strategischen "Visionen" der Ist-Kultur des Unternehmens uneinholbar vorauseilen (siehe auch Anmerkung 19).

Insgesamt gesehen prägt also nicht nur die Soll-Kultur, sondern auch eine davon abweichende Ist-Kultur die "formulierte" Unternehmensstrategie und trägt dazu bei, eine aus Sicht der synoptisch-rationalen Planung unerwünschte Abweichung der tatsächlich realisierten von der intendierten Strategie zu vermeiden.[21]

Damit soll nicht behauptet werden, daß die Ist-Kultur lediglich als Restriktion auf die formulierte Strategie wirkt. Denn das Management ist stets auch Träger (Repräsentant) der *bestehenden* Kultur - ein Tatbestand, der sich auch in der intendierten Strategie niederschlägt. Dieser Einfluß ist um so stärker, je weiter Ist- und Soll-Kultur bereits übereinstimmen. Jedoch ist eine gewisse *Rollenambiguität der Unternehmensführung* (einerseits als Gestalter und Repräsentant der Ist-Kultur, andererseits als Protagonist der Soll-Kultur) nicht zu übersehen (vgl. auch Wicher, 1994, S. 333).

Der Fall einer restriktiven Ist-Kultur wird uns im folgenden noch etwas näher beschäftigen: Es stellt sich hier nämlich die Frage, in welchem Ausmaß sich die formulierte Strategie den Restriktionen der Ist-Kultur beugen und in welchem Ausmaß sie dagegen "ankämpfen" sollte. Bevor wir dieser Frage nachgehen, wollen wir zunächst erläutern, daß es neben der bisher betrachteten Abhängigkeitsbeziehung (*Kultur prägt Strategie*) auch die umgekehrte Wirkungsrichtung gibt.

4.4 Die Strategie prägt die Ist- und Soll-Kultur

Dieser Zusammenhang läßt sich vor allem anhand der folgenden Aspekte verdeutlichen:

- *Einfluß der Strategie auf die Soll-Kultur*:

    Wie bereits erwähnt, wird die Soll-Kultur oft in Wechselwirkung mit der Strategie entwickelt. Um auf das zu Beginn des Abschnitts 4.1 skizzierte Unternehmen zurückzukommen: Nicht die Umweltveränderung allein (hier: der Absatzrückgang in den traditionellen Geschäftsfeldern) gibt in diesem Beispiel den Anlaß, über die Soll-Kultur des Unternehmens nachzudenken, sondern auch die strategische Entscheidung, sich aus den alten Geschäftsfeldern zurückzuziehen und neue, andersartige aufzubauen. Mit jeder Strategie werden zugleich (implizit oder explizit) Anforderungen an die Unternehmenskultur gestellt, die erfüllt sein müssen, wenn die Strategie erfolgreich umgesetzt werden soll.

- *Einfluß der Strategie auf die Ist-Kultur*:

    Hier sind ein direkter und ein indirekter Einfluß zu unterscheiden. Der erste Fall liegt vor, wenn sich die strategischen Vorgaben *direkt* auf kulturverändernde

Maßnahmen (siehe Abschnitt 3.2.3) beziehen, und sei es lediglich in Form von finanziellen Budgets, die für Seminare und Workshops zur 'Kulturentwicklung' oder für Maßnahmen der Personalentwicklung bereitgestellt werden.

Der *indirekte* Einfluß liegt darin begründet, daß 'formulierte' Unternehmensstrategien über ihre unmittelbare Wirkung als verbindliche Vorschriften und Entscheidungsprämissen hinaus auch eine *symbolische Bedeutung* haben. Eine Strategie, die - wie geschildert - vorsieht, bisherige Geschäftsfelder aufzugeben und neue aufzubauen, signalisiert zugleich, daß "alte Zöpfe" abgeschnitten und neue Wege beschritten werden sollen. Bereits eine solche Ankündigung löst bei den Mitarbeitern gewöhnlich Umdenkprozesse aus, die sich dann in einer Veränderung der Ist-Kultur als Ganzes niederschlagen.

Erinnert sei in diesem Zusammenhang auch daran, daß die in der Vergangenheit entwickelten und verfolgten Strategien - erfolgreiche wie erfolglose - in der Ist-Kultur ihre Spuren hinterlassen, sogar "... als historische Ereignisse zu ihrem unverrückbaren Bestandteil" (Krystek/ Zur, 1990, S. 19) und damit zum verhaltensbestimmenden Kulturgut werden. Denn in Normen, Standards und Verhaltensregeln lagert sich im Laufe der Zeit und auf evolutorische Weise Wissen ab, und zwar auch darüber, welche Maßnahmen und Handlungen *bisher* strategiekonform und zielgünstig waren und welche nicht. Das führt jedoch fast zwangsläufig dazu, das bewährte Handlungsmuster reproduziert werden und sich auf diese Weise immer weiter verfestigen[22] - eine Tendenz, die der Notwendigkeit, im Sinne der Unternehmensevolution Veränderungen vorzunehmen, zuwiderläuft.

Fassen wir zusammen: Strategie und Kultur sind keine voneinander unabhängigen Faktoren, sondern beeinflussen sich in ihren Ausprägungen und bedingen einander in ihrer "Erfolgswirksamkeit". Keiner der beiden Faktoren kann isoliert vom anderen gesehen, geschweige denn beeinflußt oder gestaltet werden. Die *integrative Betrachtungsweise von Strategie und Kultur* stellt damit die Grundvoraussetzung eines "kulturbewußten" Managements dar. Die direkten Wechselwirkungen, die dabei zu beachten sind, lassen sich wie folgt zusammenfassen:

Die Soll-Kultur mit ihren neuen Denk- und Sichtweisen forciert, eine davon abweichende Ist-Kultur bremst notwendige Veränderungen in der Strategie. Umgekehrt gilt: Eine neue strategische Richtung fördert den kulturellen Wandel im Unternehmen, die bisher verfolgte Strategie, die in die Ist-Kultur Eingang gefunden hat, bremst diesen Prozeß.

Im Sinne einer möglichst schnellen und reibungslosen Anpassung des Unternehmens an die veränderten Markt- und Wettbewerbsbedingungen ist es wichtig, die prägende Wirkung der neuen Strategie auf die Ist-Kultur zu verstärken (z.B. indem man die strategischen Intentionen stärker als bisher im Unternehmen publik macht) und die von der Ist-Kultur ausgehende "Bremswirkung" zu überwinden, und zwar - wie im folgenden noch erläutert wird - durch eine Erhöhung der kulturellen Flexibilität. Abbildung 21 faßt das geschilderte Beziehungsgeflecht noch einmal graphisch zusammen (die angegenenen Ziffern verweisen auf die entsprechenden Textabschnitte).

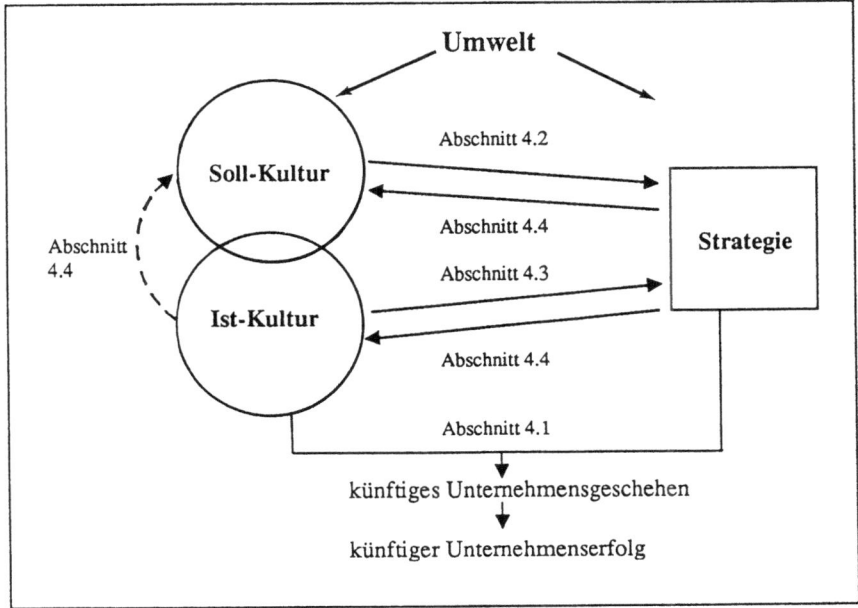

Abb. 21: Die Interdependenz zwischen Strategie und Kultur

Fragen wir nun, welche Schlußfolgerungen aus den bisherigen Überlegungen für die Unternehmensführung zu ziehen sind.

5. Kulturbewußtes evolutionäres Management und "Harmonisierung" von Strategie und Kultur als permanente Führungsaufgaben

5.1 Das Aufgabenspektrum

Die Tatsache, daß Strategie und Kultur erfolgsinterdependent sind und sich im Hinblick auf die Erreichung der Unternehmensziele wechselseitig bedingen und beeinflussen, begründet die Notwendigkeit, beide aufeinander abzustimmen - und zwar in einem Ausmaß, über das noch zu entscheiden ist. Dieses Abstimmungserfordernis ist so elementar, daß es kaum einer näheren Begründung bedarf: Denn eine "Harmonie" von formulierter Strategie und Unternehmenskultur ist stets einer Situation vorzuziehen, in der die Strategie zwar im Hinblick auf die "harten" Erfolgsfaktoren günstig und im Lichte der erwarteten Umweltentwicklung vorteilhaft, aber "kulturunverträglich" ausgeprägt ist und deshalb Gefahr läuft, in der Umsetzung zu scheitern. Eine Strategieplanung, die vom kulturellen Kontext (insbesondere von den Restriktionen der Ist-Kultur) abstrahiert, kann nicht den Anspruch für sich erheben, im Sinne der gesetzten Ziele rational zu sein.

Hier zeigt sich im Grunde ein ähnlicher Konflikt wie auf gesellschaftlicher Ebene zwischen Politik und Kultur (im umfassenden Sinne): Allzu ehrgeizige politische Programme können scheitern (in Deutschland z.B. vor dem Bundesverfassungsgericht), weil sie mit bestehenden kulturellen Normen und vorherrschenden Denkweisen in Konflikt geraten, und müssen entweder verändert oder aufgeschoben werden, bis ein entsprechender Wertewandel in der Bevölkerung eingetreten ist.

Zurück zur Unternehmensebene: Die geforderte Abstimmung zwischen Strategie und Kultur ist hier, wie mehrfach erwähnt, *nicht durch eine Totalanpassung eines Faktors an den jeweils anderen* zu erreichen. Die Ausrichtung der Strategie auf die bestehende Kultur würde den Status quo zementieren und eine kreative Anpassung des Unternehmens an die veränderten Umweltbedingungen vereiteln. Ein solcher Managementansatz wäre nicht evolutionär, sondern stationär. Aber auch der umgekehrte Weg, die "instrumentelle" Anpassung der Unternehmenskultur an die Strategie, verbietet sich: Denn der Versuch, eine bestimmte Soll-Kultur "anzuordnen" oder gar mit Gewalt durchzusetzen, wäre nicht nur ethisch bedenklich, sondern auch nur vordergründig zweckrational, da eine wirkliche Einbindung der Mitarbeiter in den Prozeß der Kulturgestaltung von Anfang an fehlte und die neuen Wertvorstellungen und Normen nur oberflächlich (wenn überhaupt) in der Motivstruktur der Organisationsteilnehmer verankert wären.

"Harmonisierung" bedeutet eine beiderseitige Anpassung von Strategie und Kultur. Zwar ist die Unternehmenskultur selbst kein Instrument zur Zielereichung, das von der Unternehmensleitung beliebig gestaltet werden könnte, sie ist aber auch nicht völlig unbeeinflußbar: Kulturwandel kann vom Top-Management zumindest initiiert und moderiert werden, auch wenn es sich dabei letztlich um einen *ergebnisoffenen Prozeß* handelt, in dessen Verlauf die neuen Wertvorstellungen und Normen erst gefunden und "von innen heraus" entwickelt werden müssen. Die Unternehmensleitung kann in diesem Prozeß Akzente setzen und die Rahmenbedingungen gestalten - nicht mehr, aber auch nicht weniger. Sie kann den Kulturwandlungsprozeß aber nicht völlig determinieren - und sollte es (aus diskursethischer Sicht) auch gar nicht erst versuchen.

Damit ist festzuhalten: Die Gestaltung der Strategie mit Rücksicht auf die beste-hende Kultur ist ebenso eine Aufgabe der obersten Führungsebene wie die Initiierung und Moderation eines für notwendig gehaltenen Kulturwandels. In den Prozeß der Strategieplanung, wie wir ihn im Abschnitt 2.1.2 beschrieben haben, ist die zweitge-nannte Aufgabe einzugliedern, wobei empfohlen wird, in den folgenden drei Schritten vorzugehen:

- *Bewußtmachung, Beschreibung und Bewertung der Ist-Kultur* des Unterneh-mens; auf Möglichkeiten und Probleme der Kulturdiagnose und -bewertung sind wir in Abschnitt 3.2.2 näher eingegangen;

- *"reflexive Brechung" der Ist-Kultur,* d.h. kritische Diskussion mit allen Organi-sationsteilnehmern über das derzeit geltende Werte- und Normensystem; Refle-xion bedeutet auch, Vorstellungen darüber zu entwickeln, welche Kultur die Unternehmung eigentlich aufweisen *sollte*;

- *Anregung von Änderungsprozessen (Kulturwandel)* im diskursethischen Rah-men, wobei die Unternehmensleitung die Rolle des Moderators im Konsensfin-dungsprozeß übernimmt, gleichwohl aber auch ihre eigene Position vertritt.

Ein solcher Konsens muß nicht zwangsläufig *verbal*, als schriftlich abgefaßtes "Grundgesetz" des Unternehmens, fixiert werden. Es genügt, wenn er sich *faktisch* herausbildet: zum Beispiel in der Weise, daß neue Verhaltensweisen, die von einer Gruppe praktiziert und propagiert werden, allmählich auch in anderen Gruppen Auf-nahme finden und sich so schließlich im Unternehmen durchsetzen.

Kulturwandel ist ein *langwieriger Prozeß.* Die geforderte Abstimmung von Strategie und Kultur wird deshalb in vielen Fällen zunächst mit einer Begrenzung der Strategie einhergehen, die so lange andauert, bis die Ist-Kultur sich - nicht zuletzt gefördert durch die kulturpolitischen Maßnahmen der Unternehmensleitung (siehe Abschnitt 3.2.3) - der Soll-Kultur angenähert hat. Daß sich dieser Prozeß noch in bestimmte Teilphasen untergliedern läßt, die sich in ihren Abstimmungserfordernissen unterscheiden, werden wir im nächsten Abschnitt sehen. Wichtig ist aber schon hier der Hinweis, daß selbst zu Beginn, wenn die Strategie - wie in Abschnitt 4.3 beschrieben - noch relativ stark auf die (zielinadäquate) Ist-Kultur Rücksicht nimmt, *dennoch ein Spannungsverhältnis zwischen intendierter Strategie und existenter Kultur bestehen sollte*, um die in Abschnitt 4.4 erläuterte "Sogwirkung" der Strategie auf die Kultur wirksam werden zu lassen. Eine Strategie, die der Kultur vorauseilt, trägt diese in ihrer Entwicklung mit - vorausgesetzt, daß sie der kulturellen Entwicklung nicht *zu weit* vorauseilt.

Daß es sich dabei um eine *permanente* Führungsaufgabe handelt, resultiert letztlich aus der Dynamik der Umweltbedingungen: Veränderungen z.B. im Wettbewerbsumfeld machen strategische Korrekturen notwendig, die ihrerseits einen neuen Anpassungsbedarf zwischen Strategie und Kultur hervorrufen. Um zu verhindern, daß die kulturelle Entwicklung ständig der Strategie "hinterherhinkt", ist mittelfristig eine *Steigerung der kulturellen Flexibilität* des Unternehmens unumgänglich. Auf diesen Aspekt werden wir im nächsten Abschnitt noch etwas näher eingehen.

Nicht zuletzt ist für ein kulturbewußtes strategisches Management auch ein *stärkeres Bewußtsein der eigenen Verantwortung* notwendig: Die Unternehmensleitung ist nicht nur das für die Strategieplanung zuständige Gremium, sondern auch - gewollt oder ungewollt - Vermittler kultureller Botschaften. Wenn sich nicht einmal die Führungsmitglieder entsprechend der Soll-Kultur äußern und verhalten, kann dies kaum von den Mitarbeitern der nachfolgenden Hierarchiestufen erwartet werden.

Die *evolutionäre Ausrichtung* dieses Managementansatzes kommt zum einen darin zum Ausdruck, daß sowohl in der Strategie als auch im kulturellen Bereich ständig Anstöße für eine Anpassung des Unternehmens an die veränderten Umweltbedingungen gegeben werden, zum anderen darin, daß bewußt Anpassungsspielräume belassen werden - in der Strategie Freiräume für die nachfolgenden Detailentscheidungen, im kulturellen Bereich der Freiraum für eine authentische Kulturentwicklung.

Kulturbewußtes evolutionäres Management umfaßt also die Strategieplanung ebenso wie die Initiierung und Moderation des kulturellen Wandels, den Einsatz kulturpolitischer Maßnahmen ebenso wie die Bereitschaft, den "... humanen *Eigenwert* und *Eigensinn* kultureller Zusammenhänge in der Unternehmung ... zu respektieren" (Ulrich, 1993, Sp. 4362). Der Managementansatz verzichtet damit auf eine einseitig-sozialtechnologische Betrachtungsweise, da er die Unternehmenskultur nicht als beliebig gestaltbaren Handlungsparameter interpretiert. Das Bekenntnis zur Diskursethik und zur Ergebnisoffenheit im kulturellen Lernprozeß schützt diesen Ansatz zugleich vor dem Vorwurf, lediglich eine "Herrschaft dritten Grades" (Wicher, 1994, S. 337) zu konstituieren, d.h. den Menschen im Unternehmen auf eine besonders subtile Weise manipulieren zu wollen. Eine derartige Auffassung von "Kulturmanagement" wäre in der Tat zynisch; sie würde die einseitig-funktionalistische Sichtweise von Unternehmenskultur nicht überwinden, sondern ihr nur bis zur letzten Konsequenz folgen.

5.2 Die Abstimmung von Strategie und Kultur im Zeitablauf

Das Ziel des Evolutionsprozesses ist eine *dauerhafte Abstimmung zwischen Strategie und Kultur auf möglichst hohem Erfolgsniveau*. Auf dem Weg zu diesem Ziel lassen sich, ausgehend von einer Disharmonie zwischen Strategie und Kultur, zwei "idealtypische" Entwicklungsphasen unterscheiden (siehe auch Abbildung 22). Dabei wollen wir unterstellen, daß sich die relevanten Umweltbedingungen (Nachfrage, Wettbewerb etc.) im Zeitablauf *verändern* und so einen ständigen Anpassungsbedarf im Unternehmen begründen.

● *Phase I:*

Da sich die im Unternehmen bestehende Kultur nur langsam und schrittweise in Richtung Soll-Kultur entwickelt, wird es zunächst die Strategie sein, die "nachgibt" und sich der Kultur anpaßt, d.h. auf die kulturellen Restriktionen Rücksicht nimmt. In welchem Ausmaß die Strategie Zugeständnisse an die Ist-Kultur machen sollte, hängt letztlich von den Gegebenheiten des Einzelfalls ab. In vielen Fällen dürfte sich das "gesunde Mittelmaß" empfehlen: weder eine *Kulturschock-Strategie*, die völlig im Widerspruch zu der bestehenden Unternehmenskultur steht, noch eine *Status-quo-Strategie*, die aus Furcht vor kulturellen Widerständen alles beim alten läßt, obwohl die Umweltdynamik eigentlich eine Anpassung erfordert.

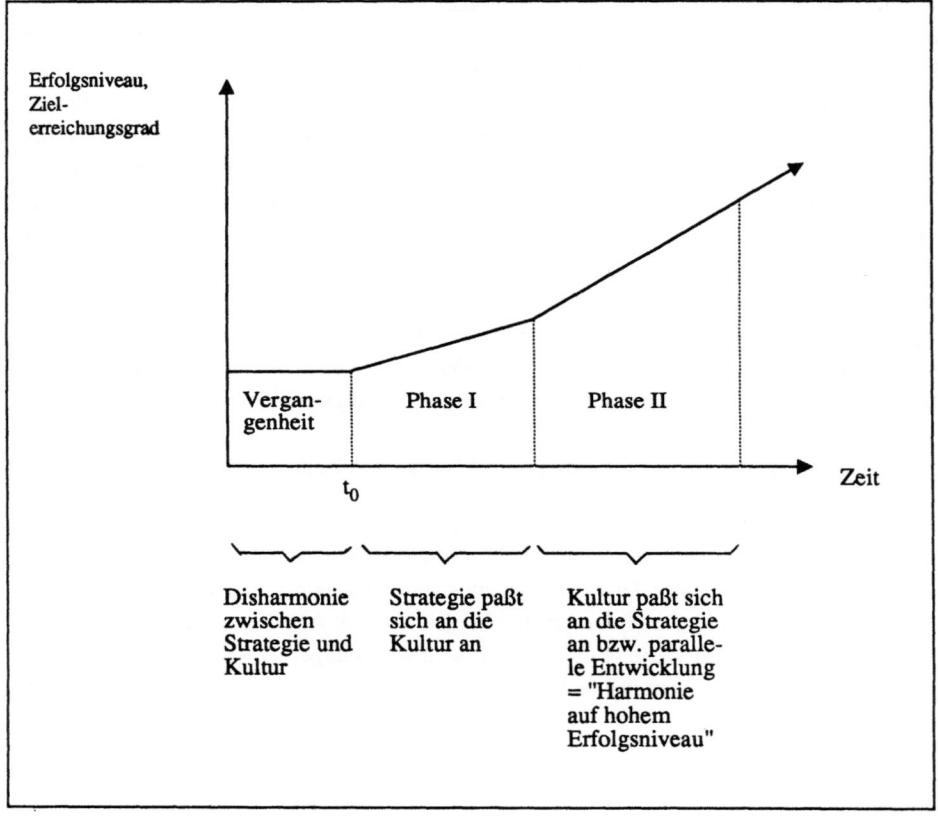

Abb. 22:   *Phasen der Abstimmung von Strategie und Kultur*

Gerade weil die "formulierte" Strategie, wie erläutert, Signale setzt und verändernd auf die Ist-Kultur einwirkt, ist auf kurze Sicht ein bestimmtes Maß an Disharmonie sogar wünschenswert. Denn auch die Strategie hält die Unternehmenskultur "in Bewegung" und fördert so den kulturellen Wandel. Das Maß an Disharmonie darf allerdings nicht so groß sein, daß der damit verbundene "kulturelle Widerstand" gegen die Strategie während der Implementierungsphase die positive Wirkung kompensiert. Betrachten wir dazu die Abbildung 23:

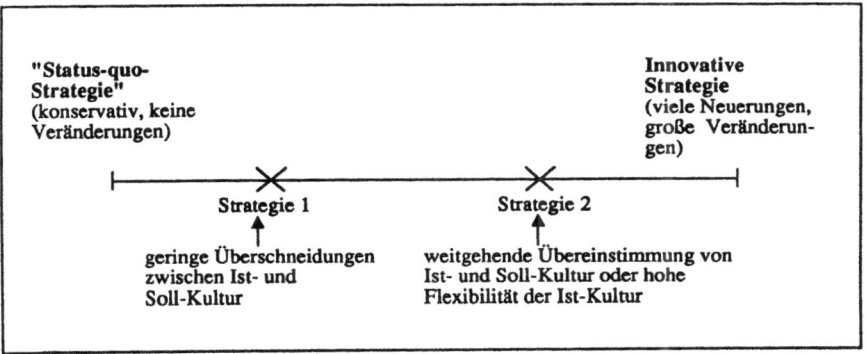

Abb. 23:   *Die Unternehmensstrategie im Spannungsfeld zwischen Verändern und Bewahren*

Strategiealternative 1 enthält weniger strategische Veränderungen (z.B. im Hinblick auf das Produkt- und Leistungsprogramm, die organisatorische Gestaltung usw.), als es die Umweltdynamik "eigentlich" erfordert. Der Grund für ihre konservative Ausrichtung liegt darin, daß die Ist-Kultur nur im geringen Maß mit der Soll-Kultur übereinstimmt und sich erst noch entwickeln muß.

Deshalb paßt sich die Strategie hier zunächst relativ stark den noch vorherrschenden Denk- und Verhaltensmustern an. Ihrer Umsetzung stehen damit kaum irgendwelche kulturbedingten Widerstände entgegen. Während die geschäftspolitischen Veränderungen hier viel moderater ausfallen als bei Strategie 2, ist der Anteil an kulturverändernden Maßnahmen vergleichsweise hoch: Denn zunächst geht es darum, die notwendige kulturelle Basis für die neuen Funktions- und Geschäftsfeldstrategien zu schaffen.

Das *Risiko* bei dieser Alternative liegt darin, daß notwendige strategische Veränderungen u.U. zu lange hinausgezögert werden und das Unternehmen dadurch in eine strategiebedingte Krise gerät. Daß solche Krisen keine seltenen Ausnahmen sind, zeigen die in Abschnitt 4.1.1 genannten Beispiele.[23]

Strategiealternative 2 ist innovativer als Alternative 1 und empfiehlt sich dann, wenn die Ist-Kultur sich in Art und Stärke schon weitgehend mit der Soll-Kultur deckt oder aber eine hohe Anpassungsfähigkeit aufweist. Eine solche kulturelle Flexibilität zeigt sich, wie erwähnt, z.b. in einer hohen Lernfähigkeit und -bereitschaft der Mitarbeiter, in der Aufgeschlossenheit für neue Denkweisen und -strukturen, aber auch in der Beeinflußbarkeit durch kulturpolitische Maßnahmen. Im Unterschied zum ersten Fall ist die 'bremsende' Wirkung der Ist-Kultur auf die Strategie hier geringer und die 'fördernde' Wirkung der Strategie auf die Kultur stärker - die gesamte Strategie-Kultur-Konstellation ist flexibler und kann sich deshalb stärker an die Umweltveränderungen anpassen.

Das *Risiko* liegt bei dieser Alternative allerdings in der Gefahr, den "Bogen zu überspannen" und das Unternehmen mit zu vielen oder zu weitreichenden strategischen Veränderungen zu überfordern.

Ein Beispiel dafür war der in den 70er und 80er Jahren verbreitete Trend, auch in solche Geschäftsfelder zu diversifizieren, die keinerlei produktspezifischen Zusammenhang mehr mit den bisherigen Tätigkeitsfeldern des Unternehmens aufwiesen. So war es oft schwierig, die für das Unternehmen neuen Geschäftsfelder zieladäquat zu führen oder überhaupt zu integrieren - die Umsetzung der strategischen Diversifikationsentscheidung scheiterte häufig an den "Grenzen" der Ist-Kultur.[24]

Um in dem betrachteten Fall nun zwischen der 'konservativen' und der 'innovativen' Strategievariante abzuwägen, sind die jeweiligen Vor- und Nachteile gegenüberzustellen: Nur wenn die im Vergleich zu Strategie 1 höhere Gewinnchance der innovativen Variante 2 (dank ihrer stärkeren Übereinstimmung mit den Umweltanforderungen) das damit verbundene Risiko (mögliche Implementierungsprobleme durch kulturelle Widerstände) überwiegt, ist die Strategie 2 der Alternative 1 vorzuziehen.

Gleichgültig, ob man eher der einen oder der anderen Alternative zuneigt: In der 1. Phase des evolutorischen Abstimmungsprozesses wird es vor allem die Strategie sein, die sich (wenn auch mehr oder weniger stark) anpaßt, d.h. auf die Bedingungen der Ist-Kultur Rücksicht nimmt - *strategy follows culture*.

● *Phase II:*

Mittel- bis langfristig wird die Ist-Kultur, wenn die kulturpolitischen Maßnahmen Wirkung zeigen und die bereichsübergreifende Diskussion über das bestehende Werte- und Normensystem zu konkreten Veränderungen in den Denk- und Verhaltensweisen der Mitarbeiter geführt hat, den strategisch notwendigen Veränderungen folgen oder, sofern auch die kulturelle Flexibilität erhöht werden kann, sich sogar parallel zur Strategie entwickeln. Im Unterschied zur ersten Phase, in der noch die 'bremsende' Wirkung der Ist-Kultur dominiert, reißt hier die Strategie die Kultur in ihrer Entwicklung mit. Auf diese Weise ist eine permanente Abstimmung auf hohem (bzw. ständig steigendem) Erfolgsniveau möglich.

Es zeigt sich: Auf lange Sicht ist nicht eine bestimmte Kulturform, sondern die *Fähigkeit zum kulturellen Wandel der entscheidende Erfolgsfaktor.* Wie bereits ausführlich erläutert, haben Sub- oder "Gegen"-Kulturen in diesem Zusammenhang eine wichtige Funktion: Sie tragen dazu bei, "... eine allzu starke Kultur aus ihrer Verklammerung zu lösen, um Freiraum für das Neue und das Unbegreifbare zu schaffen" (Schreyögg, 1989, S. 111). Der erste Schritt in diese Richtung ist getan, wenn es gelingt, die Unternehmenskultur zum Thema innerbetrieblicher Diskussionen und dadurch bewußt zu machen. Kulturelle Flexibilität hängt entscheidend von der Bereitschaft ab, die eigene Kultur kritisch zu reflektieren.

Gefordert ist hier auch die Wissenschaft: Denn die Bedingungen und Prozesse des *Organisationslernens* sind noch weitgehend unerforscht - und das trotz der Bedeutung, die der organisatorische Lernprozeß für den Kulturwandel im Unternehmen hat.

Die Erfüllung der geschilderten Aufgaben ist auch deshalb so schwierig, weil eine einmal erreichte "Harmonie" von Strategie und Kultur potentiell instabil ist: Während die Strategie sich relativ leicht an neue Umweltveränderungen anpassen läßt, neigt die Kultur zur Reproduktion und Verfestigung bestehender Normen und Regeln. Es kommt also darauf an, der latenten Gefahr eines Auseinanderdriftens von Strategie und Kultur stets aufs neue entgegenzuwirken. Es liegt in der Verantwortung der Unternehmensleitung, nicht nur im strategischen, sondern auch im unternehmenskulturellen Bereich Variationen anzuregen, die den Ausgangspunkt eines jeden Evolutionsprozesses bilden.

5.3 Zusammenfassung

In den letzten Abschnitten haben wir schrittweise die Bausteine eines *evolutionären und kulturbewußten strategischen Managements* erarbeitet. Fassen wir die wesentlichen Aspekte jetzt noch einmal zusammen. Für die Verwirklichung dieses Konzepts ist es wichtig,

1. *Strategie und Kultur überhaupt im Zusammenhang zu sehen:* Einerseits ist die Strategie eines Unternehmens stets im bestimmten Maß durch die "herrschende" Kultur geprägt, andererseits wirkt die Strategie prägend und verändernd auf die Kultur. Die Unternehmenskultur entscheidet letztlich über Erfolg oder Mißerfolg der Strategieumsetzung.

2. *die Gestaltungsspielräume von Strategie und Kultur sowie den Abstimmungsbedarf zwischen ihnen zu erkennen:* Auf kurze Sicht stellt die Unternehmenskultur zwar einen nicht veränderbaren Bedingungsrahmen für die Strategieplanung dar und ist darin mit den externen Markt- und Wettbewerbsbedingungen vergleichbar. Auf lange Sicht weist aber auch die Kultur Gestaltungsspielräume auf, was den Abstimmungsbedarf zwischen Strategie und Kultur überhaupt erst begründet.

3. *sich der eigenen Verantwortung als Strategieplaner bewußt zu werden:* Die Unternehmensleitung entscheidet über die Richtung, die das Unternehmen auf seinem Weg in die Zukunft einschlagen wird. Es sind Entscheidungen, die sich auf alle Teilbereiche und noch auf den letzten Handgriff prägend auswirken.

4. *die eigene Rolle als Vermittler kultureller Botschaften kritisch zu reflektieren:* Was Mitglieder der Unternehmensleitung äußern und wie sie sich (z.B. in Konfliktfällen) verhalten, bleibt nicht unbemerkt, sondern prägt das Denken und Handeln vieler anderer Mitarbeiter im Unternehmen.

5. *zu erkennen, daß die Kultur im Unternehmen kein "Instrument" zur Zielerreichung ist, das beliebig gestaltet werden kann.* Unternehmenskulturen lassen sich nicht "konstruieren" oder "verordnen", sondern entwickeln und verändern sich "von innen heraus". Dieser Prozeß (Kulturwandel) kann nicht determiniert, aber angeregt und gefördert werden. Unter ethischen Gesichtspunkten ist dies aber nur dann gerechtfertigt, wenn der Kulturwandel sich in Form einer friedlichen Konsensfindung, als ergebnisoffener Lernprozeß vollzieht und die Mitarbeiter als "mündige Organisationsbürger" einbezieht.

6. *sich der Möglichkeiten und Grenzen kulturbeeinflussender Maßnahmen bewußt zu werden*: Denn kulturbewußtes Management meint "... nicht etwa einen romantischen Verzicht auf, sondern einen aufgeklärten Umgang mit den Sozialtechniken des Managements" (Ulrich, 1993, Sp. 4362). Im Vordergrund stehen dabei eine kulturgerechte Systemgestaltung (Aufbauorganisation und Organisationsentwicklung, Leistungsanreiz- und Beförderungssysteme usw.) sowie eine gezielte *Personalauswahl* nach den Kriterien der Soll-Kultur.

7. *auf den evolutorischen Charakter der Strategieentwicklung und des kulturellen Wandels im Unternehmen aufmerksam zu machen*, denn beide sind Komponenten ein und desselben (organisatorischen) Lernprozesses, der eine Anpassung des Unternehmens an die veränderten Umweltbedingungen überhaupt erst ermöglicht. Für die Unternehmensleitung resultieren hieraus *zwei Aufgaben*: erstens die Notwendigkeit, in der Strategie wie im kulturellen Bereich Veränderungen (Modifikationen) anzuregen, die ein einmal erreichtes Gleichgewicht gleich wieder in Frage stellen; zweitens die Notwendigkeit, Entscheidungsspielräume zu belassen, die auf den nachfolgenden Unternehmensebenen ausgefüllt werden können (evolutorische "Feinsteuerung").

8. *Strategie und Kultur im "richtigen" Maße aufeinander abzustimmen*, und das bedeutet: weder eine Strategie, die so innovativ ist, daß sie an den eingefahrenen Denk- und Verhaltensnormen scheitert, noch eine Strategie, die aus Angst vor kulturellen Widerständen so konservativ ist, daß sie den veränderten Markt- und Wettbewerbsbedingungen überhaupt nicht mehr gerecht wird. Im Zeitablauf ist die Strategie zunächst noch relativ stark an der Ist-Kultur auszurichten, um den kulturbeeinflussenden Maßnahmen Zeit zu geben, ihre volle Wirkung zu entfalten. Erst dann können *Strategie und Kultur parallel zu den Umweltveränderungen weiterentwickelt werden*.

9. *mittel- bis langfristig die kulturelle Flexibilität des Unternehmens zu erhöhen*, d.h. die Fähigkeit und Bereitschaft der Mitarbeiter, die bestehende Kultur überhaupt "wahrzunehmen" und kritisch zu reflektieren, die Offenheit für neue Denk-, Sicht- und Handlungsweisen usw. Tolerierte Gegen- oder Sub-Kulturen halten die Unternehmenskultur als Ganze in Bewegung und wirken der stets latenten Gefahr einer Erstarrung der Ist-Kultur entgegen.

Kommen wir noch einmal auf die Unternehmensstrategie zurück: Wie stark das "innovative Element" in der Unternehmenstrategie letztendlich ist, in welchem Ausmaß sie an die veränderten Markt- und Wettbewerbsbedingungen ausgerichtet werden kann, hängt im wesentlichen von drei Faktoren ab:

- *erstens* davon, wie stark die Umweltdynamik ist (die Markt- und Wettbewerbsbedingungen für einen Computerhersteller werden sich aller Voraussicht nach schneller verändern und verlangen eine stärker innovationsorientierte Strategie als die einer Unternehmung der Grundstoffindustrie);

- *zweitens* davon, in welchem Ausmaß die bisher "bewährten" und in der Unternehmenskultur "gespeicherten" Handlungsmuster und -normen auch unter den veränderten Bedingungen noch angemessen sind (ist das Ausmaß hoch, wird selbst eine stark innovative Strategie von der Ist-Kultur voll unterstützt);

- *drittens* davon, wie flexibel die Mitarbeiter des Unternehmens (und damit ist auch die Unternehmensleitung gemeint) im Lernen neuer Werte und Normen sind.

Fassen wir es noch kürzer: Kulturbewußtes evolutionäres Management umfaßt sowohl die *Strategieentwicklung als auch die Moderation eines unternehmenskulturellen Wandels und die Koordination beider Aufgaben.* Es geht um nicht mehr und nicht weniger, als das "richtige" Maß an wechselseitiger Anpassung, den günstigsten Standort im Kontinuum zwischen Veränderung und Bewahrung zu finden - eine Aufgabe, die nicht abschließend gelöst werden kann, sondern sich immer wieder von neuem stellt.

Wie schwer diese Aufgabe zu lösen ist, zeigt sich auch darin, daß selbst eine vom "Soll" abweichende (d.h. unter strategischen Gesichtspunkten dysfunktionale) Ist-Kultur noch ihre positiven Seiten haben kann - dann nämlich, wenn sie das Unternehmen (aufgrund ihrer "Bremswirkung") vor übereilten strategischen Veränderungen bewahrt, die sich ex post als "falsch" herausgestellt hätten.

Zu welchem Ergebnis der Abstimmungsprozeß auch immer führt, am *Anfang* steht die Erkenntnis, daß es letztlich auf beide Faktoren ankommt, wenn das Unternehmen langfristig bestehen und in seiner Entwicklung erfolgreich sein will, und daß beide Faktoren von gleicher Wichtigkeit sind: Unternehmensstrategie *und* Unternehmenskultur.

Summary

Both corporate strategy and corporate culture have a major influence upon the performance of an enterprise. While strategy sets a frame for further activities, culture decides how this strategy is implemented and 'translated' into concrete actions.

Strategy and culture are interrelated: Perceptions and preferences of 'strategic' planners are influenced by the culture; on the other hand, historic and present strategic decisions may induce changes in the corporate culture.

What are the implications for strategic management? First, it should embrace strategy making and implementing as well as the initiation of a cultural change. Second, it is important to 'harmonize' strategy and culture without bending the strategy to an inappropriate culture or trying to 'make' a certain kind of corporate culture. Both strategy making and cultural change are aspects of the same evolutionary process of learning.

Anmerkungen

1   Damit soll nicht behauptet werden, daß die Erfolgswirksamkeit der einzige gültige Maßstab zur Beurteilung von Unternehmenskulturen ist. Dies wäre, wie noch erläutert wird, eine zu enge (da ausschließlich funktionalistische) Sichtweise.

2   Wie der erzielte Überschuß zwischen den Arbeitnehmern und den Kapitalgebern des Unternehmens aufgeteilt wird, kann Gegenstand von Verhandlungen sein (z.B. über Haustarifverträge). Ist die Lohn- und Gehaltssumme für eine bestimmte Periode der Höhe nach fixiert (die Löhne und Gehälter sind dann fixe Kosten), geht das Ziel der Überschußmaximierung in das Ziel der Gewinnmaximierung über (vgl. dazu auch Jacob, 1992, S. 50 ff.).

3   Bei dieser Alternative sind mögliche *Marktaustrittsbarrieren* zu beachten: z.B. eine hohe Kapitalbindung wegen neu angeschaffter Produktionsanlagen, die nur mit großen Verlusten verkauft werden könnten, Kosten für Sozialpläne, Konventionalstrafen wegen der Auflösung von Lieferantenbeziehungen, Imageverluste, negative absatzmäßige Auswirkungen auf andere Produktfelder/ -gruppen des Unternehmens, kulturbedingte Verhaltenswiderstände gegen Betriebsstillegungen usw.

4   Es ist denkbar, daß auch die Kombination *bekannte Produkte/ neuer Markt* ein für das Unternehmen neues Geschäftsfeld begründet, z.B. wenn dieser neue Markt ein besonders hohes Volumen aufweist und/oder sich von den bisher bearbeiteten Märkten so stark unterscheidet, daß eine gemeinsame Marktbearbeitung nicht sinnvoll ist (z.B. 'Produktion und Vertrieb eines bekannten Automobiltyps in China' als eigenständiges Geschäftsfeld). Zur Erinnerung: Die Abgrenzung der SGF ist nicht vorgegeben, sondern nach Zweckmäßigkeit vorzunehmen; sie ist ein Ergebnis der strategischen Analyse.

5   Die in der Matrix enthaltenen Ergebnisgrößen können Gewinne oder die mit Hilfe der Scoring-Methode gewonnenen "Nutzwerte" sein; Voraussetzung ist, daß jede Alternative vor dem Hintergrund eines jeden Szenariums bewertet wird.

6   Ziel und Kennzeichen einer "holistischen" Planung ist es, "... Interdependenzen zwischen verschiedenen Teilproblemen angemessen zu berücksichtigen und die jeweiligen Langzeitwirkungen des eigenen Handelns mitzubedenken" (Bretzke, 1989, Sp. 649).

7   Über den "Stückwerk-Ingenieur" schreibt Popper: "Was immer seine Ziele sein mögen, er sucht sie schrittweise durch kleine Eingriffe zu erreichen, die sich dauernd verbessern lassen ... Wie Sokrates weiß der Stückwerk-Ingenieur, wie wenig er weiß. Er weiß, daß wir nur aus unseren Fehlern lernen können. Daher wird er nur Schritt für Schritt vorgehen und die erwarteten Resultate stets sorgfältig mit den tatsächlich erreichten vergleichen ..." (Popper, 1987, S. 53 f.).

8   So z.B. bei Meyer zu Selhausen, 1989, Sp. 750 f.

9   Diese Unterscheidung geht zurück auf Mintzberg, 1978, S. 934 ff., der zwischen "intended" und "realized strategy" differenziert.

10   Eine vergleichende Betrachtung verschiedener Ansätze eines "evolutionären" Managements findet sich bei Kieser, 1994, S. 199 ff.

11   So berichtet Simon den Fall, daß ein Manager eines deutschen Großunternehmens im Ausland allein aufgrund seines Verhaltens - bevor er das erste Wort gesprochen hatte - als Mitglied dieses Unternehmens erkannt wurde (vgl. Simon, 1990, S. 2).

12 Maßgebend ist vielmehr, welche Konsequenzen aus einer Inkongruenz von Ist- und Soll-Kultur gezogen werden.

13 Dies tritt dann besonders kraß zutage, wenn sich das Unternehmen in einer Existenzkrise befindet, deren Überwindung (auch) eine Änderung der tradierten Orientierungsmuster und Wertmaßstäbe erfordert. Kultureller Wandel als "Mittel" zur Sicherung des Überlebens liegt dann im Interesse aller Unternehmensmitglieder.

14 Erinnert sei z.b. an die Umdenkprozesse, die die Berufung von José Ignacio López de Arriortúa in den Vorstand der Volkswagen AG in diesem Unternehmen - und darüber hinaus - ausgelöst hat.

15 Dies wird i.d.R. möglich sein, ohne daß sich dadurch gleich "... die ökonomische Überlebensfrage stellt" (Steinmann, 1993, Sp. 4338).

16 Das Lernen neuer Wertmaßstäbe ist deshalb gewöhnlich noch zeitaufwendiger als das Lernen anderer Wissenstatbestände.

17 Die Grenze zwischen hohem und niedrigem Marktanteil wurde bei dem Wert 1 festgelegt. Die Grenze zwischen hohem und niedrigem Marktwachstum bildet der Mittelwert der Marktwachstumsraten, gewichtet mit den Marktvolumina (zu den Daten des Beispiels siehe Voigt, 1993, S. 118). Die Kreisflächen verhalten sich proportional zum Umsatzvolumen.

18 Mit Risiko ist hier die Verlustgefahr gemeint, d.h. die nicht auszuschließende Gefahr, daß die zum Aufbau des Geschäftsfeldes getätigten Ausgaben nachhaltig nicht durch Einnahmenüberschüsse aus dem Verkauf der Erzeugnisse des Geschäftsfeldes gedeckt werden können.

19 Deshpandé und Parasuraman berichten von zwei Führungskräften aus der Mineralölbranche, die mit ihren Diversifikationsstrategien am Widerstand der Unternehmenskultur gescheitert sind: "Each of the CEOs has been unable to implement his strategy, not because it was theoretically wrong or bad but because neither had understood that his company's culture was so entrenched in the traditions and values of doing business as oilmen that employees resisted - and sabotaged - the radical changes that the CEOs tried to impose" (Deshpandé/ Parasuraman, 1986, S. 35).

20 Dies ist z.B. der Fall bei "... Strategien, deren Entwicklung und Implementation von einer Woge der Motivation, ja Begeisterung getragen werden" (Krystek/Zur, 1990, S. 18).

21 Der eben beschriebene Zusammenhang hat auch Konsequenzen für die Wettbewerbsanalyse: Denn es kann sinnvoll sein, die Ist-Kultur von Wettbewerbsunternehmen zu analysieren, da hieraus Rückschlüsse auf ihr künftiges strategisches Verhalten gezogen werden können (vgl. Schwartz/ Davis, 1981, S. 30 ff.).

22 Vgl. Kieser, 1994, S. 221 und S. 225, der dieses Phänomen in einem etwas anderen Zusammenhang (bei Prozessen der Selbstorganisation) erwähnt.

23 Noch problematischer wird es, wenn die Unternehmensleitung - da stets auch der Ist-Kultur verhaftet - den Anpassungsbedarf von Strategie und Kultur gar nicht in seinem vollen Ausmaß erkennt, also von einer vermeintlichen Kongruenz von Ist- und Soll-Kultur, einer nur scheinbaren "Harmonie" von Strategie und Kultur ausgeht. Dies kann im Extremfall zur Existenzkrise führen, sofern der Anpassungsbedarf nicht im unternehmensinternen Diskurs (oder durch externe Berater) deutlich gemacht wird.

24 Dies mag einer der Gründe sein, warum Unternehmen heute vor allem "horizontal", in verwandte Geschäftsfelder, diversifizieren (vgl. Voigt, 1993, S. 244 ff.).

Literaturverzeichnis

Adam, D. (1980): Zur Problematik der Planung in schlecht strukturierten Entscheidungssituationen, in: Jacob, H. (Hrsg.), Neue Aspekte der betrieblichen Planung, Schriften zur Unternehmensführung (SzU), Band 28, Wiesbaden, S. 47 - 75.

Albach, H. (1990): Japanischer Geist und internationaler Wettbewerb, in: Zeitschrift für Betriebswirtschaft, 60. Jg., S. 369 - 382.

Ansoff, H.I. (1980): Strategic Issue Management, in: Strategic Management Journal, 1. Jg., S. 131 - 148.

Ansoff, H.I. (1982): Methoden zur Verwirklichung strategischer Änderungen in der Unternehmung, in: Jacob, H. (Hrsg.), Strategisches Management 1, Schriften zur Unternehmensführung (SzU), Band 29, Wiesbaden, S. 73 - 87.

Antal, A.B./ Dierkes, M./ Helmers, S. (1993): Unternehmenskultur: Eine Forschungsagenda aus Sicht der Handlungsperspektive, in: Dierkes, M./ v. Rosenstiel, L./ Steger, U. (Hrsg.), Unternehmenskultur in Theorie und Praxis, Frankfurt/M., New York, S. 200 - 218.

Bartlett, Chr.A. (1989): Aufbau und Management der transnationalen Organisationsstruktur: Eine neue Herausforderung, in: Porter, M. E. (Hrsg.), Globaler Wettbewerb, Wiesbaden, S. 425 - 464.

Bea, F.X./ Haas, J. (1995): Strategisches Management, Stuttgart, Jena.

Becker, M./ Müller, R. (1986): Erfahrungen mit PIMS aus der Sicht eines Anwenders, in: Strategische Planung, 2. Jg., S. 245 - 267.

Beyer, H./ Fehr, U./ Nutzinger, H.G. (1995): Unternehmenskultur und innerbetriebliche Kooperation, Wiesbaden.

Bleicher, K. (1986): Unternehmungskultur und strategische Unternehmungsführung, in: Hahn, D., Taylor, B. (Hrsg.), Strategische Unternehmungsplanung, 4. Aufl., Heidelberg, Wien, S. 757 - 797.

Bleicher, K. (1988): Zum Verhältnis von Kulturen und Strategien der Unternehmung, in: Dülfer, E. (Hrsg.), Organisationskultur, 1. Aufl., Stuttgart, S. 95 - 112.

Bleicher, K. (1991): Organisation. Strategien - Strukturen - Kulturen, 2. Aufl., Wiesbaden.

Bohr, K./ Saliger, E. (1983): Konzeptionen betriebswirtschaftlicher Planung und ihre gegenseitigen Beziehungen, in: Zeitschrift für betriebswirtschaftliche Forschung, 35. Jg., S. 963 - 985.

Braybrooke, D./ Lindblom, Ch. E. (1969): A Strategy of Decision: Policy Evaluation as a Social Process, New York, London.

Bretzke, W.-R. (1989): Holistische Planung, in: Szyperski, N., Winand, U. (Hrsg.), Handwörterbuch der Planung, Stuttgart, Sp. 649 - 654.

Brockhaus-Enzyklopädie (1974): Stichwort "Unternehmungsplanung", Band 19, 17. Aufl., Wiesbaden, S. 288.

Brockhoff, K. (1981): Produktpolitik, 1. Aufl., Stuttgart, New York.

Brüggemeier, M. (1992): Statt Einheitspartei: Multikulti im Unternehmen, in: Süddeutsche Zeitung, Nr. 234 (11./ 12.10.92), S. 123.

Buzzell, R.D./ Gale, B.T. (1989): Das PIMS-Programm, Wiesbaden.

Corsten, H./ Will, Th. (1992): Das Konzept generischer Wettbewerbsstrategien - Kennzeichen und kritische Analyse, in: das wirtschaftsstudium (wisu), 31. Jg., S. 185 - 191.

Davis, S.M. (1984): Managing Corporate Culture, Cambridge/Mass.

Deal, T.E./ Kennedy, A.A.(1982): Corporate Cultures: The Rites and Rituals of Corporate Life, Reading/Mass.

Deshpandé, R./ Parasuraman, A. (1986): Linking Corporate Culture to Strategic Planning, in: Business Horizons, 29. Jg., Nr. 3, S. 28 - 37.

Dierkes, M. (1988): Unternehmenskultur und Unternehmensführung, in: Zeitschrift für Betriebswirtschaft, 58. Jg., S. 554 - 575.

Dierkes, M. (1994): Eine Schwachstelle des Standorts Deutschland ist die Unternehmenskultur, in: Blick durch die Wirtschaft, 37. Jg., Nr. 113 (15.6.94), S. 7.

Dill, P. (1986): Unternehmenskultur - Grundlagen und Anknüpfungspunkte für ein Kulturmanagement, Bonn.

Dill, P./ Hügler, G. (1987): Unternehmenskultur und Führung betriebswirtschaftlicher Organisationen - Ansatzpunkte für ein kulturbewußtes Management, in: Heinen, E. (Hrsg.), Unternehmenskultur, München, Wien, S. 141 - 209.

Gälweiler, A. (1981): Zur Kontrolle strategischer Pläne, in: Steinmann, H. (Hrsg.), Planung und Kontrolle, München, S. 383 - 399.

Geschka, H. (1989): Alternativengenerierungstechniken, in: Szyperski, N., Winand, U. (Hrsg.), Handwörterbuch der Planung, Stuttgart, Sp. 27 33.

Geschka, H./ von Reibnitz, U. (1983): Die Szenario-Technik - ein Instrument der Zukunftsanalyse und der strategischen Planung, in: Töpfer, A. Afheldt, H. (Hrsg.), Praxis der strategischen Unternehmensplanung, 1. Aufl., Frankfurt/M., S. 125 - 170.

Greipel, P. (1990): Unternehmenskultur - Ansatzpunkt für ein erweitertes Verständnis strategischen Managements?, in: Lattmann, Ch. (Hrsg.), Die Unternehmenskultur, Heidelberg, S. 319 - 338.

Gussmann, B./ Breit, C. (1987): Ansatzpunkte für eine Theorie der Unternehmenskultur, in: Heinen, E. (Hrsg.), Unternehmenskultur, München, Wien, S. 107 - 139.

Hahn, D./ Hölter, E./ Steinmetz, D. (1986): Gesamtunternehmungsmodelle als Entscheidungshilfe im Rahmen der Zielplanung, strategischen und operativen Planung, in: Hahn, D., Taylor, B. (Hrsg.), Strategische Unternehmungsplanung, 4. Aufl., Heidelberg, Wien, S. 565 - 595.

Hanssmann, F. (1982): Grundbegriffe der Unternehmensplanung: Versuch einer Abgrenzung und systemaren Verknüpfung, in: Die Betriebswirtschaft, 42. Jg., S. 397 - 402.

Hax, A.C./ Majluf, N.S. (1983a): The Use of the Growth-Share-Matrix in Strategic Planning, in: Interfaces, 13. Jg., Nr. 1, S. 46 - 60.

Hax, A.C./ Majluf, N.S. (1983b): The Use of the Industry Attractiveness-Business Strength-Matrix in Strategic Planning, in: Interfaces, 13. Jg., Nr. 2, S. 54 - 72.

Hedley, B. (1986): Strategy and "Business Portfolio", in: Hahn, D./ Taylor, B. (Hrsg.), Strategische Unternehmungsplanung, 4. Aufl., Heidelberg, Wien, S. 116 - 127.

Heinen, E. (1986): Unternehmenskultur, in: Die Betriebswirtschaft, 46. Jg., S. 516 - 518.

Heinen, E. (1987): Unternehmenskultur als Gegenstand der Betriebswirtschaftslehre, in: Heinen, E. (Hrsg.), Unternehmenskultur, München, Wien, S. 1 - 48.

Heinen, E./Dill, P. (1990): Unternehmenskultur aus betriebswirtschaftlicher Sicht, in: Simon, H. (Hrsg.), Herausforderung Unternehmenskultur, Stuttgart, S. 12 - 24.

Hinterhuber, H. H. (1989): Strategische Unternehmungsführung, II. Strategisches Handeln, 4. Aufl., Berlin, New York.

Holleis, W. (1987): Unternehmenskultur und moderne Psyche, Frankfurt/M., New York.

Homburg, Chr. (1991): Modellgestützte Unternehmensplanung, Wiesbaden.

Homburg, Chr./ Sütterlin, St. (1992): Strategische Gruppen: Ein Survey, in: Zeitschrift für Betriebswirtschaft, 62. Jg., S. 635 - 662.

Jacob, H. (1978): Betriebswirtschaftslehre und Unternehmensführung, in: Jacob, H. (Hrsg.), Betriebswirtschaftliche Forschungsergebnisse, Schriften zur Unternehmensführung (SzU), Band 25, Wiesbaden, S. 5 - 45.

Jacob, H. (1982): Die Aufgaben der strategischen Planung - Möglichkeiten und Grenzen, Teil 1, in: Jacob, H. (Hrsg.), Strategisches Management 1, Schriften zur Unternehmensführung (SzU), Band 29, Wiesbaden, S. 41 - 67.

Jacob, H. (1985): Preisbildung und Preiswettbewerb in der Industriewirtschaft, Köln, Berlin, Bonn, München.

Jacob, H. (1989): Flexibilität und ihre Bedeutung für die Betriebspolitik, in: Adam, D. et al. (Hrsg.), Integration und Flexibilität, Wiesbaden, S. 16 - 60.

Jacob, H. (1992): Grundlagen und Struktur der Betriebswirtschaftslehre, Teil 1, Veröffentlichung des Seminars für Industriebetriebslehre und Organisation, Universität Hamburg.

Jönsson, S.A./ Lundin, R.A. (1977): Myths and Wishful Thinking as Management Tools, in: Management Science, 23. Jg., S. 157 - 170.

Kets de Fries, M.F.R./ Miller, D. (1986): Personality, Culture and Organization, in: Academy of Management Review, 11. Jg., S. 266 - 279.

Kieser, A. (1993): Organisationskultur, in: Dichtl, E. /Issing, O. (Hrsg.), Vahlens großes Wirtschaftslexikon, Band 2, 2. Aufl., München, S. 1578 - 1588.

Kieser, A. (1994): Fremdorganisation, Selbstorganisation und evolutionäres Management, in: Zeitschrift für betriebswirtschaftliche Forschung, 46. Jg., S. 199 - 228.

Kirsch, W. (1993): Strategische Unternehmensführung, in: Wittmann, W. et al. (Hrsg.), Handwörterbuch der Betriebswirtschaft, 5. Aufl., Stuttgart, Sp. 4094 - 4111.

Kirsch, W./ Trux, W. (1989): Strategisches Management, in: Szyperski, N., Winand, U., (Hrsg.), Handwörterbuch der Planung, Stuttgart, Sp. 1924 - 1935.

Klimecki, R.G./ Probst, G.J.B. (1990): Entstehung und Entwicklung der Unternehmungskultur, in: Lattmann, Ch. (Hrsg.), Die Unternehmenskultur, Heidelberg, S. 41 - 65.

Kobi, J.-M./ Wüthrich, H.A. (1986): Unternehmenskultur verstehen, erfassen und gestalten, Landsberg/Lech.

Köhler, R. (1991): Beiträge zum Marketing-Management, Stuttgart.

Koch, H. (1982): Integrierte Unternehmensplanung, Wiesbaden.

Kreikebaum, H. (1989): Strategische Unternehmensplanung, 3. Aufl., Stuttgart, Berlin, Köln.

Kreikebaum, H. (1989a): Strategic Issue Analysis, in: Szyperski, N., Winand, U,. (Hrsg.), Handwörterbuch der Planung, Stuttgart, Sp. 1876 - 1885.

Kreilkamp, E. (1987): Strategisches Marketing und Management, Berlin, New York.

Krystek, U. (1992): Unternehmungskultur und Akquisition, in: Zeitschrift für Betriebswirtschaft, 62. Jg., S. 539 - 565.

Krystek, U./Zur, E. (1990): Verträglichkeit von Kultur und Strategie, in: Gablers Magazin, Nr. 10, S. 17 - 21.

Kuhn, A. (1981): Planung, II: betriebliche, in: Albers, W. et al. (Hrsg.), Handwörterbuch der Wirtschaftswissenschaften, Band 6, Stuttgart, Tübingen, Göttingen, S. 122 - 140.

Lindblom, Ch.E. (1959): The Science of "Muddling Through", in: Public Administration Review, 19. Jg., S. 79 - 88.

Ludewig, J. (1975): Simulationsmodelle ganzer Unternehmungen, Wiesbaden.

Lundberg, C.C. (1985): On the Feasibility of Cultural Intervention in Organizations, in: Frost, P.J. et al. (Hrsg.), Organizational Culture, Beverly Hills, London, New Delhi, S. 169 - 185.

Martin, J./ Siehl, C. (1983): Organizational Culture and Counter Culture: An Uneasy Symbiosis, in: Organizational Dynamics, 12. Jg., Nr. 2, S. 52 - 64.

Mauthe, K.D. (1984): Strategische Analyse, München.

Meffert, H./ Hafner, K./ Poggenpohl, M. (1990): Unternehmenskultur und Unternehmensführung - Ergebnisse einer empirischen Untersuchung, in: Simon, H. (Hrsg.), Herausforderung Unternehmenskultur, Stuttgart, S. 47 - 63.

Meyer zu Selhausen, H. (1989): Inkrementale Planung, in: Szyperski, N., Winand, U. (Hrsg.), Handwörterbuch der Planung, Stuttgart, Sp. 746 - 753.

Meyhak, H. (1970): Simultane Gesamtplanung im mehrstufigen Mehrproduktunternehmen, Wiesbaden.

Mintzberg, H. (1978): Patterns of Strategy Formation, in: Management Science, 24. Jg., S. 934 - 948.

Mintzberg, H. (1994): The Fall and Rise of Strategic Planning, in: Harvard Business Review, 72. Jg., Nr. 1 , S. 107 - 114.

Mommsen, Th. (1986): Römische Geschichte, Vollständige Ausgabe in acht Bänden, Band 8, 4. Aufl., München.

Morgan, G./ Frost, P.J./ Pondy, L.R. (1983): Organizational Symbolism, in: Pondy, L.R. et al. (Hrsg.), Organizational Symbolism, Greenwich/Conn., S. 3 - 35.

Nystrom, P.C./ Starbuck, W.H. (1984): To avoid organizational Crises, unlearn, in: Organizational Dynamics, 13. Jg., S. 53 - 65.

Nagel, C. (1995): Zur Kultur der Organisation, Frankfurt/M. usw.

Odrich, P. (1994): Drei japanische Werke - drei unterschiedliche Philosophien, in: Blick durch die Wirtschaft, Nr. 173, 7.9.1994, S. 7.

Osterloh, M. (1989): Unternehmensethik und Unternehmenskultur, in: Steinmann, H., Löhr, A. (Hrsg.), Unternehmensethik, 1. Aufl., Stuttgart, S. 143 - 161.

Ouchi, W.G. (1981): Theory Z, Reading/Mass.

Pascale, R.T./ Athos, A.G. (1981): The Art of Japanese Management, New York.

Popper, K.R. (1987): Das Elend des Historizismus, 6. Aufl., Tübingen.

Porter, M.E. (1983): Wettbewerbsstrategie, 1. Aufl., Frankfurt/M.

Porter, M.E. (1986): Wettbewerbsvorteile, 1. Aufl., Frankfurt/M.

Porter, M.E. (1989): Der Wettbewerb auf globalen Märkten: Ein Rahmenkonzept, in: Porter, M.E. (Hrsg.), Globaler Wettbewerb, Wiesbaden, S. 17 - 68.

Prätorius, G./ Tiebler, P. (1993): Ökonomische Literatur zum Thema "Unternehmenskultur" - Ein Forschungsüberblick, in: Dierkes, M./ v. Rosenstiel, L./ Steger, U. (Hrsg.), Unternehmenskultur in Theorie und Praxis, Frankfurt/M., New York, S. 23 - 89.

Pümpin, C./ Kobi, J.-M./ Wüthrich, H.A. (1985): Unternehmenskultur - Basis strategischer Profilierung erfolgreicher Unternehmen, Die Orientierung Nr. 85 (Hrsg. Schweizerische Volksbank), Bern.

Pümpin, C./ Koller, H.P. (1990): Die Bedeutung der Unternehmenskultur für die Unternehmensstrategie, in: Lattmann, Ch. (Hrsg.), Die Unternehmenskultur, Heidelberg, S. 303 - 317.

Rieper, B. (1979): Hierarchische betriebliche Systeme, Wiesbaden.

v. Rosenstiel, L. (1993): Unternehmenskultur - einige einführende Anmerkungen, in: Dierkes, M./ v. Rosenstiel, L./ Steger, U. (Hrsg.), Unternehmenskultur in Theorie und Praxis, Frankfurt/M., New York, S. 8 - 22.

Roventa, P. (1979): Portfolio-Analyse und Strategisches Management, München.

Rühli, E. (1990): Ein methodischer Ansatz zur Erfassung und Gestaltung von Unternehmungskulturen, in: Lattmann, Ch. (Hrsg.), Die Unternehmenskultur, Heidelberg, S. 189 - 206.

Sabathil, K. (1991): Evolutionäre Strategien der Unternehmensführung, Diss., Universität der Bundeswehr, Hamburg.

Sackmann, S.A. (1990): Möglichkeiten der Gestaltung von Unternehmenskultur, in: Lattmann, Ch. (Hrsg.), Die Unternehmenskultur, Heidelberg, S. 153 - 188.

Schein, E.H. (1981): Does Japanese Management Style Have a Message for American Managers?, in: Sloan Management Review, 22. Jg., S. 55 - 68.

Schein, E.H. (1984): Coming to a New Awareness of Organizational Culture, in: Sloan Management Review, 25. Jg., Nr. 2, S. 3 - 16.

Schein, E.H. (1985): Organizational Culture and Leadership, A Dynamic View, 3. Aufl., San Francisco, Washington, London.

Schmidt, R. (1982): Strategische Unternehmensplanung und Operations Research, in: Fleischmann, B. et al. (Hrsg.), Operations Research Proceedings, Berlin, Heidelberg, New York, S. 356 - 367.

Schneidewind, D. (1991): Beobachtungen zur Entscheidungsfindung in japanischen Unternehmen, in: Zeitschrift für Betriebswirtschaft, 61. Jg., S. 291 - 308.

Scholz, Chr. (1990): Trugschlüsse zur Unternehmenskultur, in: Simon, H. (Hrsg.), Herausforderung Unternehmenskultur, Stuttgart, S. 25 - 40.

Scholz, L. (1991): Strategische Unternehmungsplanung in der deutschen Industrie: Bestandsaufnahme und kritische Bewertung, in: ifo-schnelldienst 11/91, S. 17 - 25.

Schreyögg, G. (1984): Unternehmensstrategie, Berlin, New York.

Schreyögg, G. (1989): Zu den problematischen Konsequenzen starker Unternehmenskulturen, in: Zeitschrift für betriebswirtschaftliche Forschung, 41. Jg., S. 94 - 113.

Schreyögg, G./ Steinmann, H. (1985): Strategische Kontrolle, in: Zeitschrift für betriebswirtschafltiche Forschung, 37. Jg., S. 391 - 410.

Schreyögg, G. (1992): Organisationskultur, in: Frese, E. (Hrsg.), Handwörterbuch der Organisation, 3. Aufl., Stuttgart, Sp. 1525 - 1537.

Schüler, W. (1989): Partial- vs. Totalplanung, in: Szyperski, N., Winand, U. (Hrsg.); Handwörterbuch der Planung, Stuttgart, Sp. 1337 - 1341.

Schwartz, H./ Davis, S.M. (1981): Matching Corporate Culture and Business Strategy, in: Organizational Dynamics, 10. Jg., Nr. 1, S. 30 - 48.

Servatius, H.-G. (1994): Evolutionäre Führung in chaotischen Umfeldern, in: Zeitschrift für Organisation, 63. Jg., S. 157 - 164.

Shrivastava, P. (1985): Integrating Strategy Formulation with Organizational Culture, in: The Journal of Business Strategy, 5. Jg., Nr. 3, S. 103 - 111.

Simon, H. (1990): Unternehmenskultur - Modeerscheidnung oder mehr?, in: Simon, H. (Hrsg.), Herausforderung Unternehmenskultur, Stuttgart, S. 1 - 11.

Smircich, L. (1983): Concepts of Culture and Organizational Analysis, in: Administrative Science Quarterly, 28. Jg., S. 339 - 358.

Smircich, L. (1985): Is the Concept of Culture a Paradigm for Understanding Organizations and Ourselves?, in: Frost, P. J. et al. (Hrsg.), Organizational Culture, Beverly Hills, London, New Delhi, S. 55 - 72.

Steger, U. (1993): Unternehmenskultur aus forschungstheoretischer und praktischer Sicht - Erebnisse eines Delphi-Prozesses, in: Dierkes, M./ v. Rosenstiel, L./ Steger, U. (Hrsg.), Unternehmenskultur in Theorie und Praxis, Frankfurt/M., New York, S. 188 - 199.

Steinmann, H. (1993): Unternehmensethik, in: Wittmann, W. et al. (Hrsg.), Handwörterbuch der Betriebswirtschaft, 5. Aufl., Stuttgart, Sp. 4331 - 4343.

Steinmann, H./ Gerhard, B. (1992): Effizienz und Ethik in der Unternehmensführung, in: Homann, K. (Hrsg.), Aktuelle Probleme der Wirtschaftsethik, Berlin, S. 159 - 182.

Steinmann, H./ Schreyögg, G. (1991): Management, 2. Aufl., Wiesbaden.

Trux, W./ Müller-Stewens, G./ Kirsch, W. (1988): Strategisches Management, in: Trux, W. et al. (Hrsg.), Das Management strategischer Programme, 3. Aufl., München, S. 43 - 206.

Ulrich, P. (1993): Unternehmenskultur, in: Wittmann, W., et al. (Hrsg.), Handwörter-buch der Betriebswirtschaft, 5. Aufl., Stuttgart, Sp. 4351 - 4366.

Voigt, K.-I. (1992): Strategische Planung und Unsicherheit, Wiesbaden.

Voigt, K.-I. (1993): Strategische Unternehmensplanung - Grundlagen, Konzepte, An-wendung, Wiesbaden.

Wicher, H. (1994): Unternehmenskultur, in: das wirtschaftsstudium (wisu), 23. Jg. , S. 329 - 341.

Wild, J. (1974): Grundlagen der Unternehmungsplanung, Reinbek bei Hamburg.

Wilkins, A. L. (1983): The Culture Audit: A Tool for Understanding Organizations, in: Organizational Dynamics, 12. Jg., S. 24 - 38.

Glossar

Bet-Your-Company-Culture ("Brot und Spiele-Kultur")

Unternehmenskulturtyp nach *Deal/ Kennedy* mit den Kennzeichen: hohe Risikobereitschaft, langsames Markt-Feedback, Offenheit für Umwelttrends, Unternehmungsgeist, unkomplizierte, zwanglose Zusammenarbeit, freundliche Umgangsformen.

Diskursethik

Konzept der → Unternehmensethik. Unternehmensspezifische Normen sind nach diesem Konzept allein dadurch ethisch gerechtfertigt, daß sie sich im Zuge eines allgemeinen und freien Dialogs aller Organisationsmitglieder herausbilden können. Damit verbunden ist ein Bekenntnis zur friedlichen Konfliktkösung.

Evolutionäres Management

Management, das sich auf die Schaffung günstiger Rahmenbedingungen für die Unternehmensentwicklung und die Erzeugung von "Variationen" (Modifikationen, Veränderungen) dieser Rahmenbedingungen konzentriert, die über den "Evolutionsmechanismus" Selektion und Bewahrung in die Unternehmenspolitik Eingang finden. Ziel dieses Prozesses ist die kreative Anpassung des Unternehmens an Umweltveränderungen.

Formierte (emergente) Strategie

Handlungsmaximen, die sich "an der Basis" durch tägliches Handeln herausbilden und die im Gegensatz zu der "formulierten" (von der Unternehmensleitung intendierten) Strategie stehen können.

Funktionalistischer Ansatz der Unternehmenskultur

Wissenschaftliche Sichtweise, nach der die → Unternehmenskultur bestimmte Funktionen (Motivation, Integration, Koordination) erfüllt. Es wird beabsichtigt, die Kultur zielgerichtet zu beeinflussen.

Gegenstromprinzip

Verfahren der vertikalen Abstimmung zwischen den Planungsebenen im Rahmen der → hierarchischen Planung. Die aggregierten Vorgaben werden "top down" (von oben nach unten) an die nächstniedrigere Planungsebene weitergegeben, die dort erstellten Detailpläne "bottom up" (von unten nach oben) zurückgegeben und dort gegebenenfalls korrigiert.

Generische Wettbewerbsstrategien

Grundgedanke ist, daß ein Unternehmen (bzw. ein → strategisches Geschäftsfeld) nur dann im Wettbewerb reüssieren kann, wenn es gegenüber der Konkurrenz einen Vorteil aufweist, der entweder darin liegt, daß es kostengünstiger anbietet (Kostenvorteil), oder darin, daß sich sein Angebot von dem der Konkurrenz positiv abhebt (Differenzierungsvorteil). Je nachdem, welcher Vorteil erreichbar erscheint, empfiehlt sich die Kostenführerschaftsstrategie oder die Differenzierungsstrategie. Hat keine der beiden Alternativen Aussicht auf Erfolg, ist die Konzentration auf eine bestimmte Marktnische (Nischenstrategie) zu erwägen.

Hierarchische Planung

Heuristisches Planungsverfahren. Das Planungsproblem wird von Stufe zu Stufe "weitergereicht", dabei immer weiter detailliert und stärker in Teilprobleme zerlegt. Die Pläne einer Stufe sind Zielvorgaben für die Planungen der nachfolgenden Stufe(n).

Inkrementale Planung

Planungsansatz, der unter bewußtem Verzicht auf die Erstellung einer langfristigen Gesamtkonzeption (→ synoptisch-rationaler Planungsansatz) in kleinen, ggfs. unkoordiniert bleibenden Schritten eine Verbesserung des Status quo herbeizuführen versucht. Planung wird hier zum "muddling through" (Lindblom), zur "Stückwerktechnologie" (Popper). Die inkrementale Planung diente zunächst als Beschreibung realer Problemlösungsprozesse, wurde später zum normativen Planungskonzept weiterentwickelt.

Interpretativer Ansatz der Unternehmenskultur

Wissenschaftlicher Ansatz, der das Unternehmen als "Miniaturgesellschaft" interpretiert und das Unternehmensgeschehen als Gesamtheit kultureller Phänomene deutet. Die → Unternehmenskultur wird damit zur → 'root metaphor' für das Unternehmensgeschehen überhaupt.

Kulturbewußtes Management

Managementansatz, der im Gegensatz zum → funktionalistischen Ansatz der Unternehmenskultur den humanen Eigenwert und Eigensinn der bestehenden Kultur anerkennt, gleichwohl aber nicht darauf verzichtet, für einen strategisch notwendigen Kulturwandel zu "werben". Der Prozeß des kulturellen Wandels ist hier jedoch im Ergebnis offen.

Kulturstärke

Die Stärke einer → Unternehmenskultur richtet sich nach der Prägnanz, dem Verbreitungsgrad und der Verankerungstiefe der unternehmensspezifischen Werte und Normen bei den Mitarbeitern. Eine Unternehmenskultur ist um so stärker, je klarer und umfassender die Werte und Normen sind, je mehr Mitarbeiter sie teilen und je tiefer sie diese internalisiert haben. "Starke" Kulturen werden heute aufgrund ihrer Inflexibilität vorwiegend kritisch beurteilt.

Mehrebenenansatz der Unternehmenskultur

Auffassung, nach der sich die → Unternehmenskultur auf drei Ebenen manifestiert: 1. Ebene: *Basisannahmen* (unsichtbar, meist unbewußt); 2. Ebene: *Werte* (z.T. bewußt und erkennbar); 3. Ebene: *Artefakte* (z.b. Gebäude, Einrichtungen, Schriftstücke) und *Verhaltensweisen/Handlungen* (z.b. Umgangsformen, Rituale, Zeremonien) als sichtbare, aber auch interpretierungsbedürftige Ausdrucksformen.

PAR-Report

Dienstleistung im Rahmen der → PIMS-Studien. Mit Hilfe eines Modells wird errechnet, welchen ROI (Return on Investment) ein → strategisches Geschäftsfeld aufgrund der Ausprägungen seiner Erfolgsfaktoren mindestens erbringen sollte.

PIMS-Studien ('Profit Impact of Market Strategies')

Empirisches Projekt auf Basis von ca. 3000 → strategischen Geschäftsfeldern. Gefragt wird nach den wichtigsten Einflußgrößen, die für die Unterschiede in den Zielgrößen ROI und Cash-flow der betrachteten Geschäftsfelder verantwortlich sind. Auf der Grundlage der statistischen Ergebnisse des Projekts werden Beratungsdienstleistungen (z.B. Simulations- und Optimierungsrechnungen) angeboten.

Process-Culture ("Prozeß-Kultur")

Kulturtyp nach *Deal/ Kennedy* mit den Merkmalen: Risikovermeidung, bürokratisch-langsamer Informationsfluß, Einhaltung des Instanzenwegs, Absicherung gegen Fehlentscheidungen, Statusdenken.

Report on Look-Alikes (ROLA)

Dienstleistung auf Basis der → PIMS-Studien. Vergleich eines → strategischen Geschäftsfelds mit Konkurrenzgeschäftsfeldern, die "ähnlich" ausgeprägt sind. Durch den Vergleich zeigt sich, ob das eigene Geschäftsfeld eher zu den "Gewinnern" oder den "Verlierern" der Branche gehört.

root metaphor

Leitbild oder assoziatives Denk- und Interpretationsschema, das die Interpretation (z.B. des Unternehmensgeschehens) aus einem neuen Blickwinkel erlaubt und so zu einem besseren Verständnis (hier: des Unternehmens) und zur Gewinnung neuer Erkenntnisse beiträgt. Beispiel für eine 'root metaphor': das Unternehmen als 'Miniaturgesellschaft'.

Strategische Gruppe

Gruppe von Unternehmen, die innerhalb einer Branche ähnliche Strategien verfolgen (z.B. bezüglich des Produktions- und Leistungsprogramms, der angesprochenen Zielgruppen, des benutzten Vertriebswegs usw.) und deshalb "intensiver" miteinander konkurrieren als Unternehmen, die verschiedenen strategischen Gruppen angehören.

Strategisches Geschäftsfeld (SGF)

Aggregierte Größe, auf die sich die → Unternehmensstrategie bezieht. Ein strategisches Geschäftsfeld besteht meist aus einem Produktfeld bzw. eine Produktgruppe, welche(s) auf einem bestimmten Markt angeboten wird oder werden soll und dort mit ganz bestimmten Wettbewerbern konkurriert (*SGF als Produktfeld-Markt-Kombination*). Die Einteilung der Geschäftstätigkeiten eines Unternehmens in SGF dient der (strategischen) Planung und muß nicht unbedingt mit der organisatorischen Struktur des Unternehmens übereinstimmen.

Synoptisch-rationale Unternehmensplanung

Planungsansatz, der im Gegensatz zur → inkrementalen Planung von dem Grundgedanken der "ganzheitlichen" Planbarkeit des künftigen Unternehmensgeschehens ausgeht. Die Rationalität der Planung und die damit verbundene Nachvollziehbarkeit des

Ergebnisses wird durch den bewußten Vollzug des Planungsprozesses gewährleistet, der sich aus den Phasen Zielbildung, Analyse/Datenermittlung/ Prognose, Alternativengenerierung, -bewertung und -auswahl zusammensetzt.

Tough-Guy/Macho-Culture ("Alles oder Nichts-Kultur")

Kulturtyp nach *Deal/ Kennedy* mit den Kennzeichen: hohe Risikobereitschaft, schnelles Markt-Feedback, Individualität und starke Erfolgsorientierung der Mitarbeiter, temporeiches Handeln, unkonventionelles äußeres Erscheinungsbild. Typisch für "junge" bzw. neu gegründete Unternehmen.

Unternehmensethik

befaßt sich mit der *Begründung* der unternehmensspezifischen Denk- und Verhaltensnormen. In der Wissenschaft werden Ansätze einer inhaltlichen Normenbegründung (hier werden ganz bestimmte Normen für allgemeinverbindlich erklärt) und Ansätze der prozessualen Normenbegründung (Einhaltung bestimmter Verfahrensrichtlinien bei der Setzung von Normen) unterschieden. Eine Mittelstellung zwischen diesen Ansätzen nimmt die → Diskursethik ein.

Unternehmenskultur

Art und Weise, wie die Menschen im Unternehmen denken, reden und handeln. Faktisch geltender Bestand an unternehmensspezifischen Wertvorstellungen und Normen sowie an Denk- und Verhaltensmustern, die von mehreren oder allen Organisationsmitgliedern geteilt werden. (Siehe auch → funktionalistischer Ansatz, → interpretativer Ansatz).

Unternehmensplanung

Denkhandeln, das das zukünftige Tathandeln im Unternehmen vorwegnimmt und dieses zur möglichst sicheren und direkten Erreichung der Unternehmensziele a priori festlegt.

Unternehmensstrategie

Langfristiger, hochaggregierter Gesamtplan für das künftige Unternehmensgeschehen. Die Unternehmensstrategie bezieht sich inhaltlich vor allem auf Produktfelder und Märkte (→ strategische Geschäftsfelder), auf bestimmte Funktionsbereiche, auf Maßnahmen zur Begegnung der Konkurrenz und auf die Verwendung begrenzter Ressourcen, vor allem der finanziellen Mittel. Die Strategie kann auch Maßnahmen zur Veränderung der bestehenden → Unternehmenskultur zum Inhalt haben.

Work-Hard/ Play-Hard-Culture ("analytische Projektkultur")

Kulturtyp nach *Deal/ Kennedy* mit den Merkmalen: schwach ausgeprägte Risikoneigung, Ablehnung von Umweltveränderungen (Umweltdynamik als Bedrohung), breite Anwendung analytischer Methoden, im Inneren Betonung von Werten wie Besonnenheit, Rationalität, Hierarchiebewußtsein.

 **DeutscherUniversitätsVerlag**
GABLER · VIEWEG · WESTDEUTSCHER VERLAG

Aus unserem Programm

European Business School (Hrsg.)
Erfahrung — Bewegung — Strategie
Festschrift zum 25jährigen Jubiläum der ebs
1996. VIII, 401 Seiten, 45 Abb., Gebunden DM 128,-/ ÖS 934,-/ SFr 114,-
"ebs-Forschung", Schriftenreihe der EUROPEAN BUSINESS SCHOOL
gem. GmbH, Oestrich-Winkel, Band 3
DUV Wirtschaftswissenschaft
ISBN 3-8244-0300-5
Das 25jährige Jubiläum der EUROPEAN BUSINESS SCHOOL Schloß
Reichartshausen (ebs) ist der Anlaß für diese Festschrift mit dem aus den
Initialen der ebs abgeleiteten Titel. Jeder Hochschullehrer der ebs hat hierzu
einen Beitrag aus seinem speziellen Forschungsgebiet verfaßt.

Matthias Fischer
Interkulturelle Herausforderungen im Frankreichgeschäft
Kulturanalyse und Interkulturelles Management
1996. XVI, 233 Seiten, Broschur DM 98,-/ ÖS 715,-/ SFr 89,-
GABLER EDITION WISSENSCHAFT
ISBN 3-8244-6328-8
Um das Denken und Handeln französischer Manager für deutsche Partner
verständlicher zu machen, untersucht der Autor ausgewählte kulturelle Phä-
nomene Frankreichs und überprüft deren Relevanz für die Unternehmens-
praxis.

Hendrik Holzkämpfer
Management von Singularitäten und Chaos
Außergewöhnliche Ereignisse und Strukturen in industriellen Unternehmen
1996. XIV, 378 Seiten, 44 Abb., Broschur DM 118,-/ ÖS 861,-/ SFr 105,-
DUV Wirtschaftswissenschaft
ISBN 3-8244-0296-3
Die Arbeit setzt sich systematisch mit dem Phänomen der Singularität aus-
einander und behandelt die Möglichkeiten von Unternehmen, mit derartigen
Zusammenhängen im Rahmen des Managements umzugehen.

Beate Kay-Enders
Marketing und Ethik
Grundlagen - Determinanten - Handlungsempfehlungen
1996. XXIV, 349 Seiten, Broschur DM 118,-/ ÖS 861,-/ SFr 105,-
GABLER EDITION WISSENSCHAFT
ISBN 3-8244-6341-5
Die Autorin erläutert die Determinanten moralischen bzw. unmoralischen
Marketinghandelns. Auf dieser Basis entwickelt sie konkrete Vorschläge, wie
im moralisches Marketinghandeln gefördert werden kann.

DUV DeutscherUniversitätsVerlag
GABLER·VIEWEG·WESTDEUTSCHER VERLAG

Camilla Krebsbach-Gnath
Organisationslernen
Theorie und Praxis der Veränderung
1996. XIII, 190 Seiten, 9 Abb.,
Broschur DM 89,-/ ÖS 650,-/ SFr 81,-
DUV Wirtschaftswissenschaft
ISBN 3-8244-0308-0
In diesem Buch werden die Voraussetzungen für erfolgreiches Organisationslernen, die entscheidenden Prozeßvariablen sowie die Möglichkeiten, Ergebnisse festzustellen, deutlich herausgearbeitet.

Jens Müller
Diversifikation und Reputation
Transferprozesse und Wettbewerbswirkungen
1996. XVI, 230 Seiten,
Broschur DM 89,-/ ÖS 650,-/ SFr 81,-
GABLER EDITION WISSENSCHAFT
ISBN 3-8244-6327-X
J. Müller untersucht, inwieweit Reputation als Ressource angesehen und als Wettbewerbsvorteil auf das erworbene Unternehmen übertragen werden kann. Fallstudien und Beispiele ergänzen die theoretischen Ansätze.

Gerald Prabitz
Unternehmenskultur und Betriebswirtschaftslehre
Eine Untersuchung zur Kontinuität betriebswirtschaftlichen Denkens
1996. X, 238 Seiten, 6 Abb.,
Broschur DM 89,-/ ÖS 650,-/ SFr 81,-
DUV Wirtschaftswissenschaft
ISBN 3-8244-0303-X
Über alle Unterschiede hinweg besteht eine tiefgreifende Kontinuität im deutschsprachigen betriebswirtschaftlichen Denken. Dieser These wird anhand des aktuellen Themas "Unternehmenskultur" nachgegangen.

Rolf Schulte
Zeit und strategische Planung
Analyse der Zeitdimension zur Stützung der Unternehmenspraxis
1996. XIII, 281 Seiten,
Broschur DM 98,-/ ÖS 715,-/ SFr 89,-
GABLER EDITION WISSENSCHAFT
ISBN 3-8244-6257-5
Rolf Schulte erarbeitet auf der Grundlage zeittheoretischer Überlegungen konkrete inhaltliche Empfehlungen zur Gestaltung von strategischen Zeitperspektiven und stellt Instrumente für die Entwicklung kontextadäquater Zeitperspektiven vor.

Nannette Sewing
Akquisitionserfolg durch Integration der Mitarbeiter
1996. LIV, 301 Seiten, 43 Abb., Broschur DM 118,-/ ÖS 861,-/ SFr 105,-
DUV Wirtschaftswissenschaft
ISBN 3-8244-0310-2
Dieses Buch zeigt, wie Unternehmen durch die bewußte Analyse der landeskulturellen Unterschiede zwischen den Mitarbeiterstämmen Synergiepotentiale auftun und diese effizient nutzen können.

Michael Stoermer
Zukunftsorientierte strategische Kontrolle
1996. XV, 208 Seiten, Broschur DM 89,-/ ÖS 650,-/ SFr 81,-
GABLER EDITION WISSENSCHAFT
ISBN 3-8244-6221-4
Der Autor entwickelt ein strategisches Kontrollkonzept, das zukünftige Störungen der geplanten Prozesse antizipiert. Er legt Anforderungen an ein solches Konzept fest und analysiert geeignete Instrumente wie die Strategieprämissen- und die Fortschrittskontrolle.

Gerd J. Strasser
Systemtheorie und Ethik als Grundlagen umweltbewußter Unternehmensführung
1996. XVII, 357 Seiten, 26 Abb., Broschur DM 118,-/ ÖS 861,-/ SFr 105,-
DUV Wirtschaftswissenschaft
ISBN 3-8244-0305-6
In diesem Buch wird ein "synergetisches Management" entwickelt, welches durch die Zusammenführung von Systemtheorie und Ethik die Einbindung der Ökologie in die strategische Unternehmensführung garantieren soll.

Olaf V. Uhde
Strukturinduzierte Kommunikationskonflikte in Organisationen
1996. XXVI, 330 Seiten, Broschur DM 118,-/ ÖS 861,-/ SFr 105,-
GABLER EDITION WISSENSCHAFT
ISBN 3-8244-6293-1
Der Autor untersucht bei zwölf Organisationsformen, inwiefern strukturbedingte Konflikte existieren und wie negative Auswirkungen dieser Konflikte durch aufbauorganisatorische Maßnahmen verhindert werden können.

Die Bücher erhalten Sie in Ihrer Buchhandlung!
Unser Verlagsverzeichnis können Sie anfordern bei:

Deutscher Universitäts-Verlag
Postfach 30 09 44
51338 Leverkusen